U0920555

广水政协年鉴

2012

政协湖北省广水市委员会办公室 编

《广水政协年鉴 2012》编辑委员会

中 国 人 民 政 治 协 商 会 议 会 徽

2012 年 8 月 13 日，湖北省政协副主席涂勇一行到广水开展提案督办调研活动。图为座谈会现场

2012 年 7 月 29 日，湖北省政协副秘书长、研究室主任熊维明一行到广水调研

2012 年 10 月 10 日，湖北省政协县城经济金融服务问题调研组到广水调研

2012 年 4 月 18 日，湖北随州市政协主席肖伏清到广水市调研农村产业化发展情况

2012年2月16日，广水市政协召开七届一次常委会议

2012年7月3日，广水市政协召开七届二次常委会议

2012年10月15日，广水市政协召开七届三次常委会议

2012 年 5 月 9 日，广水市政协在应山办事处召开乡镇办事处政协联络处工作会议

2012 年 5 月 11 日，广水市政协在工商局会议室召开市直委员活动组工作会议

2012年5月28日，广水市政协风机产业调研专班在江苏省南通市崇川区考察金通灵流体机械科技公司

2012年5月30日，广水市政协与安徽省宁国市政协开展联谊活动

2012 年 7 月 11 日，广水市政协副主席傅本华带领委员督办重点提案

2012 年 7 月 13 日，广水市政协视察保障房建设时听取有关部门汇报

2012年8月24日，广水市政协在国税会议室专题召开专委会工作会议

专委会工作会议后，广水市政协举办抗旱救灾募捐活动

2012年9月13日，广水市政协主席李健强带队视察李店“农家女”老年福利院

2012年9月28日，广水市政协主席李健强、副主席傅本华等到广水看望健康快车的医生专家

2012 年 11 月 6 日，广水市政协视察应广两城同网供水工程

广水市政协视察应广两城同网供水工程，听取有关单位汇报

2012 年 7 月 30 日，广水市政协被评为“湖北省先进政协组织”

目 录

概 况

全会、常委会

专委会工作

调研视察

重要会议

领导讲话

重要文件

组织概况

理论研究

团结联谊

建言立论

大事记

概况

概　况

政协广水市委员会设有学习与文史工作委员会、经济工作委员会、提案工作委员会、科教文卫工作委员会、委员工作委员会、团结联谊工作委员会六个委员会，七届政协委员共有288人。2012年，广水市政协高举团结和民主两面大旗，把谋发展作为履行职能的第一要务，把惠民生作为开展工作的重要内容，把促和谐作为义不容辞的神圣职责，充分发挥委员主体作用，着力实施以“联系招引服务100个项目、支持带动100人创业就业、收集编发100条社情民意信息和文史资料、撰写督办100件提案建议”为内容的“四百工程”，完成了广水市政协七届一次会议确定的基本任务，为全市应对经济下行压力、抗御特大持续干旱、实现跨越式发展作出了积极贡献。一年来，广水市政协紧紧围绕市委、市政府的中心工作开展民主协商。全年共召开常委会议4次、主席会议9次。通过这些会议和有关专题会议，重点围绕事关全市发展和群众利益的重大问题进行协商监督，提出合理化建议。组织政协委员对打造“中国风机名城”、三年来乡镇观摩项目情况等进行调研，形成了“广水风机产业集群调查报告”、“乡镇观摩项目情况调研报告”。这两个报告为市委、市政府实施“工业兴市”战略、壮大风机产业集群，以及完善乡镇考核机制、督促项目按期建成等，提出了可资借鉴的思路，其中部分建议已被采纳，为党委、政府决策提供了重要参考。

全会、常委会

政协全会

无

常委会议

政协七届一次常委会

2012年2月16日，广水市政协召开七届一次常委会。会议听取了市政府万名干部进万村挖万塘工作情况的通报，协商通过市政协常委会2012年工作要点、市政协“四百工程”实施意见、市政协关于加强委员管理的规定，通报市政协七届一次全会理论学习情况、取消委员资格情况，进行了人事任命事项。会上李健强主席就如何加强活动组、联络处的工作作了重要讲话。

政协七届二次常委会

2012年7月3日，广水市政协召开七届二次常委会。会议听取了市政府上半年经济运行和开展治庸问责、转变干部作风的情况通报，协商通过市政协关于年度量化考核的意见，协商讨论风机产业调研报告，审议通过市政协机关人事任免，学习了湖北省委书记李鸿忠在湖北省第十次党代会上的讲话。

政协七届三次常委会

2012年10月15日，广水市政协召开七届三次常委会。会议听取了市政府关于“突出质效抓招商，构筑优势促发展”、关于“一抗三保”工作情况的通报，通报了广水市政协前三季度“四百工程”实施进展情况，协商讨论了广水市近三年来乡镇观摩项目实效情况的调研报告。李健强主席就如何发挥市政协常委作用作了重要讲话。

政协七届四次常委会

2012年12月21日，广水市政协召开七届四次常委会。会议听取了市政府关于政协七届一次会议提案办理情况的通报，听取了市政协关于各政协联络处、活动组、政协机关“一办六委”及全体委员年度量化考核情况的通报，协商通过了关于表彰 2012 年先进政协组织、优秀政协委员、先进政协工作者、优秀提案的决定，协商讨论了市政协七届二次会议常委会工作报告、提案工作报告和七届二次会议有关事项。

专委会工作

提 案 工 作

建立委员提案征集、审查、交办函告、主席会议成员领衔督办、专委会联系委员活动组提案办理督办、委员视察督办、积案督办、提办双方面对面协商等制度。全年共征集提案108件，实际形成提案82件，其中立案43件，建议39件。截至2012年底，办复率100%，满意或基本满意率在96%以上。

委员管理工作

编印《政协广水市第七届委员会委员通讯录》，拟定《广水市政协年度量化考核的意见》和《政协广水市委员会关于建立走访、联络和述职制度的意见》。推荐71名政协委员参与评议活动，加强活动组、联络处阵地建设，组织召开了活动组长、联络处主任会议。

学习与文史工作

开展31次全体政协委员集中培训，主办31次政协委员学习讲座，指导界别委员开展4次学习活动，收集史料32篇，40万字，撰写、组织并编辑政协网站各类稿件243篇。编发简报43篇。积极对外投稿，被采用88篇:其中国家级4篇。完成了广水市近三年乡镇观摩项目情况的专题调研，参加了3次政协常委会协商议政，参加了6次专题视察活动。

团结联谊工作

开展不同形式的联系联谊活动20多场次、80余人次，制定《广水市政协与宁国市政协联谊活动策划方案》，成立了湖北省广水市广宁乡亲联谊活动推进委员会，搜集了101个广水市主要姓氏族谱资料、字派及宗亲会联络人名单，在各级网站发表稿件 70 余篇，收集社情民意信息 184 篇，编发《建议与参考》9 期 16 篇，上报湖北省、随州市政协社情民意信息 31 篇，收集招商信息 90 条。

经 济 工 作

起草“四百工程”实施意见，制定委员活动台账，设计“四百工程”落实情况报表，撰写《广水风机产业集群调查报告》，组织小农水视察活动，组织经济界委员开展各种履职活动 28 次，走访座谈经济界委员 12 次、33 人，在新闻媒体上发表稿件 81 篇，搞好委员、活动组、联络处年度考核工作，帮助企业解决贷款 200 万元，协调随州市政协来广水市调研农业产业化活动，接待湖北省政协常委来广水市调研县域金融服务活动。

科教文卫工作

组织联系界别委员学习十八大会议精神等 6 次，组织委员对广水市民营医疗机构的发展现状进行视察，提出 4 条合理化建议；组织委员开展将武胜关生态文化旅游试验区建设纳入省级发展战略的调研，调查报告被湖北省政协采用，该项目在湖北省发改委已经立项。参与广水市 3 年来乡镇观摩项目进展及实效情况的调研，组织委员投入“四百工程”，提供招引信息 50 条，支持创业 17 家，投资额 1000 多万元，带动就业 111 人，收集社情民意信息 40 条，撰写文史资料 8 篇，撰写提案 23 件；督办提案 16 件、建议 8 件，推进“广宁乡亲联谊”工作，收录广水 15 个主要姓氏的族谱资料，在各类新闻媒体上发表稿件 28 篇，参与、指导活动组、联络处年度量化考核工作，协助河南省平顶山市来广水市挖掘“古应国文化”活动。

调研视察

调 研 活 动

开展被征地农民社会保障和安置就业情况的调研。4 月至 5 月，通过对应办、十里、城郊部分社区的被征地农民实地调研，提出建立被征地农民基本生活保障制度、妥善解决被征地农民的就业问题、建立保障失地农民合法权益的政策体系和公共服务制度等建议。

开展风机产业调研。5 月 7 日至 6 月 8 日，组织专班，深入调查全市风机制造及其配套企业发展现状，通过调研，分析存在的问题，提出加快风机产业扩张、加强人才培养引进、加快产业转型升级、加大资金支持力度、优化企业发展环境对策建议，形成了“广水风机产业集群调查报告”。报告为市委、市政府科学决策“工业兴市”战略、壮大风机产业集群，提供了参考依据。

开展乡镇观摩调研。7 月 18 日至 28 日，对广水市自 2009 年以来观摩项目的进展及实效情况进行实地查看，客观评估观摩效果，深入剖析问题，从机制入手寻找破解之策，形成了“广水乡镇观摩项目情况调研报告”。报告提出观摩要务实节俭、调整观摩和打分人员、细化考评办法、强化项目跟踪管理、积极利用观摩成效的建议。报告为市委市政府完善乡镇考核机制、督促项目按期建成等，提出了可资借鉴的思路，部分建议已被采纳。

文教卫体活动组开展将武胜关生态文化旅游试验区建设纳入省级发展战略的调研并提交了调查报告。该报告受到湖北省政协领导的高度重视，得到省委主要领导的签批，湖北省发改委已经获得立项。城郊联络处针对辖区内滥建私房现象，通过发放 1000 多份调查问卷、走访 500 余名群众，找出症结，提出了整治建议。蔡河联络处就旱区的红薯高产栽培深入调研，争取扶持开发资金 30 万元，扩大红薯种植面积 2000 亩，增加了农民收入。农业活动组开展农业产业化发展情况的调研，提出加强政策扶持引导力度、加大龙头企业培植力度、加强资源整合培优创特、加强农业产业布局规划等建议。

视察活动

6月12 日，市政协主席李健强带领部分政协委员视察医疗保障全民覆盖效果及城乡居民养老保险实施情况。在视察中，委员们提出要站在以人为本的高度，把医疗保障全民覆盖效果及城乡居民养老保险工作放在政府工作的重要位置来做好，切实加大相关政策法规的宣传力度，加强对相关政策法规的执行力度和相关部门之间的协调，要千方百计提高部门的经办能力，提升自身素质，积极推动医疗保障和养老保险工作的健康发展。

7月5日，市政协主席李健强、副主席胡亚明一行视察工业园区项目建设情况。李键强在视察中强调：一要认真领会市委书记吴超明在七届一次党代会上的讲话精神，进一步解放思想，始终把服务园区建设摆在突出位置；二要大胆与人民群众接触，充分了解他们的利益诉求，对被征地农民保障问题要自主探索解决办法，竭尽全力优化项目建设环境；三要积极配合好集中安置小区建设；四要切实加快项目建设进度，力争早日开工。

7月5日，市政协主席李健强调研政协机关帮办企业——合成新材料有限公司。在调研中李主席勉励公司克服困难，加快建设进度，力争早日投产；要求政协机关竭力帮助解决企业遇到的困难和问题，做到帮办服务零距离，发展环境无障碍。

7月13日，市政协视察保障房建设。委员们视察了工业基地利民小区、三环路阳光小区保障房建设现场，提出要将保障房建设纳入科学化、法制化、规范化、程序化的轨道，切实搞好保障房科学规划布局，严把工程质量关，把好事办好，实事办实；坚持公开、公平、公正的原则，实行阳光操作，把握好保障房分配环节，明晰保障房产权关系，加强产权管理；实施动态管理，对因家庭生活明显改善而失去保障房居住资格的建立退出机制；主动参与房地产市场综合整治，坚决遏制违法建房、滥建私房现象；整治小区物业市场，建立一整套规范管理制度，清退不合格的物业公司；统筹应广城区保障房建设，高度重视老工业基地广办的棚户区改造；加强廉政建设，保证各个环节不出问题。

7 月 24 日，市政协副主席何卫带领社科界部分委员到杨寨调研项目建设情况。在调研中何卫副主席勉励杨寨镇党委、政府要借力“试点镇”建设，抢抓发展机遇，高度统一思想，增强危机意识，消除一切障碍，促进跨越式发展。

8 月 23 日，市政协视察基层“一抗三保”工作。市政协主席李健强、副主席胡亚明、秘书长汪维浩到“旱包子”余店镇视察“一抗三保”情况。在视察中，市政协领导要求余店镇政协联络处要围绕整体大局，把支持抗旱作为头等大事；要继续搞好政协“四百工程”，把各项指标落到实处；要组织政协委员发挥作用，帮助政府完成全年目标任务。

9 月 13 日，市政协视察太平、李店民生保障工程。市政协主席李健强、副主席何卫、秘书长汪维浩先后视察了太平乡红旗大桥建设现场和李店乡黄金村“农家女”老年活动中心。

11 月 6 日，市政协视察“应广两城同网供水工程”建设情况。市政协主席李健强，副主席傅本华、何卫、胡亚明、梅思卫、孙萍，秘书长汪维浩参加了视察。委员们先后查看了霞家河水库、许家冲水库存水量，沿路视察了应广两城同网供水线路现场建设情况。视察后，召开了协商会。委员们建议：要千方百计咬紧目标不放松，确保工程时间进度；要千方百计保证资金到位，确保工程顺利进行；要千方百计加大宣传力度，做好群众思想工作。之后，形成了主席会议建议案，提交市政府，促进了工程建设进度。

11 月 7 日，市政协视察吴店二妹山风电建设情况。市政协主席李健强、秘书长汪维浩一行视察了吴店二妹山风电建设项目。二妹山风力发电场是目前湖北省最大的风力发电场，项目总投资 13 亿元，共安装风力发电机 91 台，年发电量 1365 万千瓦时，预计每年可创税 4000 万元。

重要会议

3月20日，**市政府召开“三案”交办会**。市政协交办提案82件，其中提案43件，建议39件。

5月9日，**市政协召开乡镇办事处政协联络处工作会议**。各乡镇办事处政协联络处主任汇报了1月至5月落实“四百工程”工作情况。李健强主席就如何做好政协联络处工作作了重要讲话。他强调要继续抓好委员的学习，要继续抓好专题调研，要继续抓好“四百工程”的实施，要继续抓好提案的督办落实。

5月11日，**市政协召开市直委员活动组工作会议**。市直活动组长汇报了1月至5月工作情况。李健强主席总结了市直活动组前5个月工作成绩，分析了存在的不足，对今后的工作提出了新的要求：要抓好委员队伍的自身建设，深入做好调查研究、提案督办和民主评议工作；要切实推进“四百工程”，不断创新委员活动形式。

7月12日，**市政协召开乡镇观摩项目实效情况调研动员会**。宣读了《关于2009年以来乡镇观摩项目实效情况的调研方案》，会议强调要明确调研目的、调研方法、调研原则和调研内容。李健强主席要求：一要充分认识这次调研活动的重大意义；二要高度重视，认真做好各个调研环节的工作；三要加强配合，实事求是地搞好调研活动。

8月24日，**市政协召开专题会议研究专委会工作**。各专委会负责人对前期工作进行了回顾总结、分析了存在问题的原因、提出了今后工作的打算并就如何发挥专委会的作用提出了建议。各位主席和部分常委对专委会的工作提出了建设性意见。李健强主席作了重要讲话，强调要明确专委会工作的意义和地位，认识岗位要求，增强做好政协工作的使命感；要明确专委会工作现状，坚持克难奋进，提高做好专委会工作的自信心；要明确专委会的自身特点，创新工作方式，提高专委会工作的科学化水平。

9月11日至14日，**市政协分片督办乡镇政协联络处“四百工程”落实情况**。市政协把全市17个乡镇政协联络处分成东西南北四片，分别由一名副主席带队，专委会和办公室工作人员参加督办“四百工程”进展情况。

领导讲话

李健强同志
在市政协七届一次常委会上的讲话

（2012年2月16日）

一、提高认识，增强做好委员活动组工作的自觉性

委员活动组是在市政协常委会和主席会议领导下，组织委员开展经常性活动的重要机构，是整个政协工作的重要基础。

首先，委员活动组是委员履行职能的重要载体。委员是政协工作的主体，除了参加好全体会议和市政协组织的集中活动外，政协委员的其他活动主要是依托委员活动组来进行的。通过委员活动组这个载体，可以帮助委员学习提高、知情明政，为履行职能创造条件。要发挥好主体作用，就要首先把委员活动组的基础抓扎实、作用发挥好。

其次，委员活动组是政协协商议政的重要形式。从我市政协工作的实践看，政协全体会议、常委会议和主席会议提出的任务，很大程度上是通过各专委会和委员活动组组织广大委员来实施和完成的。通过委员们专题调研、视察活动，广泛收集社情民意，切实掌握第一手材料，就能使全体会议、常委会议和主席会议协商议政更加充分、更有依据，从而为政协履行职能打下良好基础。因此，我们只有把委员活动组工作做得更加扎实，整个政协工作才会有可靠的保证。

第三，委员活动组是联系委员和社会各界的重要渠道。从我市的实际来说，市直活动组基本是按照界别进行设置的，各乡镇办事处是按照地域进行设置的，可以说委员活动组最贴近委员、贴近基层，最容易听到所联系群体和基层群众的心声、愿望和诉求，在党政机关、政协委员和所联系的各界人士之间发挥着桥梁和纽带作用。

二、创新形式，力求委员活动组工作上档次、求实效

今年委员活动组工作，要在活动形式上，突出抓规模、上档次，在活

动内容和主题上，突出关注民生，服务社会，着眼创新，力求实效。通过委员活动组工作的全面深入开展，提高委员对政协活动的参与率，扩大政协在基层群众中的政治影响。具体讲，重点要做好以下 4 个方面的工作。

1. 着力实施“四百工程”。要按照刚刚通过的《市政协“四百工程”实施意见》，明确目标任务，探索工作方式，全力抓好落实。首先，要认真做好联系企业的服务工作。要组织本组委员定期深入到所联系的企业，收集招引信息、了解发展动态、加强协调服务，以行之有效的工作，达到服务企业发展、支持带动创业的目标。其次，要关注本地或联系点居民的生活状况和政府重大民生政策的落实情况，及时反映社情民意。深入挖掘本地重要人文历史史料，收集本地人文史料信息。要求每名委员每年至少撰写 1 件提案，反映 1 条社情民意。年底，市政协将对各活动组实施“四百工程”工作情况进行考核验收。

2. 积极开展民主评议。今年市政协将对涉及民生基本消费问题开展民主评议。这是我市政协成立以来第一次对政府工作进行民主评议。为了防止走过场，流于形式，我们将认真组织，周密谋划，敢于碰硬，切实取得民主评议的效果。拟从每个活动组抽调委员 2 名，成立 6 个评议专班，分别对供水、供电、商业服务、网络电视、通讯、交通客运六个方面进行调查摸底，分别查找问题，然后实行集中评议，形成评议报告，提交到市委、市政府，并在新闻媒体上予以曝光。

3. 认真开展调查研究。《市政协常委会 2012 年工作要点》已经确立了今年市政协的中心调研课题是：风机产业发展和乡镇观摩项目进展及实效。针对这两个课题，市政协将分别成立专班进行调研，各活动组（联络处）也要全力配合，积极参与，完成本地本行业所涉及的需要完成的调研任务。除此之外，各活动组还要结合实际，选择调研课题，组织本组委员独立开展调研，每年至少形成 1 个有份量的调查报告，提交所在单位党政领导参考的同时，送交市政协办公室备案。

4. 切实加强委员管理。要按照《广水市政协委员管理规定》，督促本组委员认真参加政协会议和活动，建立委员履职档案，掌握委员典型。推进政协工作的规范化、程序化、制度化建设。

为了切实加强委员活动组工作，确保各项任务顺利完成，市政协将定期召开委员活动组组长会议。今年计划召开三次委员活动组长会议，今天这次会议是第一次会议，主要是对全年的工作进行安排；7月上旬举行第二次会议，主要是汇报半年工作，交流经验，相互学习，督办落实；12月举行第三次会议，在对活动组工作考核验收的基础上，评优表模，奖勤罚懒。通过经常性的委员活动组工作会议，努力为各活动组之间交流经验、探讨新时期政协工作新途径搭建平台，便于我们扬长避短，不断改进工作。

三、加强协作，共同推进政协工作整体进步

政协工作的整体推进，需要在座的各位常委、专委会主任、乡镇办事处政协联络处主任，以及委员活动组长，各负其责，加强协作，密切配合。这里我再提三点建议。

一是要理顺关系相互配合。根据《中国人民政治协商会议章程》的规定，政协常委会是主持政协会务的重要机构，负责全体会议闭会期间的各项活动，政协常委会议是全体会议闭会期间进行政治协商的主要形式。市政协办公室、专门委员会是市政协内设机构，由政协常委会决定，各乡镇办事处政协联络处由市委决定，都在市政协常委会领导下开展工作。委员活动组是经市政协主席会议研究，为便于开展工作，按照界别和地域的不同而划分的委员活动小组。各专委会和相应的活动组之间，有着工作上的指导与被指导关系。因此，各活动组在开展活动时，要多与相关的专委会沟通联系，及时通报工作情况，多联络、多商量、多探讨；各专委会也要加强工作上的指导和协调，把委员活动组工作纳入专委会工作的重要内容，共同把活动组的工作做好。

二是要牢固树立全局观念。围绕中心、服务大局是政协工作的基本原则。作为委员活动组的负责同志，一方面，要加强学习、了解形势，切实提高认识全局、服务全局的能力。要紧紧围绕市委、市政府的中心工作，找准自己在全局中所处的位置，发挥优势，认真履职，为本领域、本地区更好更快地发展献计出力。另一方面，要围绕全市政协工作一盘棋来开展工作。委员活动组在全市政协工作中起着承上启下的作用，既要完成好常委会和主席会议布置的各项任务，也要承担好组织委员开展经常性活动的职责。

三是要摆正本职工作与政协工作的关系。希望各位组长妥善处理好履行政协职能和本职工作的关系。一方面，要切实履行好岗位职责，做勤勉做事的楷模和表率，做各行各业的先锋模范，树立政协委员良好的社会形象，同时，在做好本职工作的同时做好政协工作，在履行政协职能中促进本职工作。要尽心尽责地组织好本组各项工作，以自己的言行影响和带动本组委员履行好各项职能，发挥好表率作用。

最后，希望大家以这次会议为契机，进一步统一思想，明确责任，以更加振奋的精神，更加务实的作风，团结带领全体政协委员和社会各界人士，认真履行政协职能，充分发挥各自作用，努力开创我市政协工作新局面!

梅思卫同志
在市政府2012年“两案”交办会上的讲话

（2012年3月20日）

同志们：

今天，市政府召开全市2012年度人大代表建议和政协委员提案办理工作会议，充分体现了市委、市政府对政协工作的高度重视和大力支持。刚才，市政府表彰了2011年度“两案”办理先进单位，何市长和人大李主任分别作了重要讲话，我表示完全同意。

六届市政协以来，广大政协委员紧紧围绕全市工作大局和人民群众普遍关心的热点、难点问题，深入社会各个层面，倾听各界人士意见，积极运用提案形式，踊跃建言献策，累计提出提案381件，立案180件，参与提案委员达1560余人次。截至2011年11月，这些提案都全部办复。五年来，提案年度办复率均达到100%，委员满意和基本满意率均达到95%以上。这些提案所提的意见建议，得到了市委、市政府及各承办单位的高度重视和认真采纳。在市政协七届一次会议上，广大政协委员对提案工作给予了高度评价。在此，我谨代表市政协，向市委、市人大、市政府及各承办单位对提案工作的重视与支持，向为提案工作付出辛勤劳动的同志们表示衷心的感谢！下面，我就今年的政协提案办理工作讲三点意见，供同志们参考。

一、要充分认识办理政协提案的重要意义，切实增强工作责任

办好政协提案是讲政治的需要。中国共产党领导的多党合作和政治协商制度是我国的一项基本政治制度，提案是坚持和完善这一制度的重要载体，是履行人民政协职能的重要方式。提案工作是人民政协最具传统、最有特色、综合性很强的重要工作。全国政协主席贾庆林同志指出，提案工作具有很强的政治性、政策性和全局性，必须着眼全局、把握大局。希望各承办单位要站在讲政治和顾大局的高度，把办理政协提案当作一项政治

任务来完成。

办好政协提案是讲党性的需要。中央和各级党委历来对政协工作高度重视，把政协工作纳入党的工作重要组成部分。2010 年以来，省委、随州和广水市委相继召开政协工作会议，出台了一系列关于加强和改进新时期政协工作的文件。市委在《关于加强和改进新形势下人民政协工作的决定(广发 2011 年 2 号）》里专门强调了加强提案办理工作，要求把提案办理纳入部门目标考核内容，党委、政府、政协领导要分别督办重要提案，部门主要负责人要亲自领办重要提案。希望各承办单位认真落实省、市委文件精神，以对党、对人民高度负责的态度办理委员提案。

办好政协提案是讲民主的需要。发展社会主义民主政治，建设社会主义政治文明是我国的一项长期战略任务。提案是政协委员发挥参政议政、民主监督职能的重要途径，是我国社会主义民主政治建设过程中不可缺少、不可替代的重要环节。希望各承办单位切实尊重委员的民主权利，不要认为政协提案是给你们工作找茬，是无事生非；不要怕被提案，怕麻烦；不要敷衍了事，互相推诿。要把办理提案作为协助党和政府实现决策民主化、科学化的一条重要渠道，作为构建社会主义和谐社会的有效手段，自觉地把办理和落实政协提案与改进作风、推动工作结合起来。

办好政协提案是讲科学的需要。政协委员来自社会各个方面，来自各行各业，他们同人民群众有着密切的联系，了解群众的疾苦和愿望，能够及时反映群众的呼声和要求。今年政协会议期间，我们共收到委员提案 108 件，整理合并为 81 件，经审查立案 42 件。这些提案量大，面广，质量高，反映了全市各界要求改善民生、加快发展的强烈愿望。希望各承办单位把办理这些提案作为贯彻落实科学发展观的具体体现，作为深入体察民情，认真听取民意，广泛集中民智，切实凝聚民心的良好契机。通过提案的办理，使我们的决策更科学，工作更扎实，效果更明显，社会更和谐。

二、要继续加大领导力度，进一步健全完善办理工作制度

领导重视是提案办理工作的关键。希望各承办单位按照市委文件和市政府领导讲话的要求，切实加强对提案办理工作的组织领导，真正把提案办理工作列入重要议事日程。要认真落实工作责任制，主要领导要亲自部署、

亲自研究、亲自过问、亲自督办提案工作，及时协调解决办理过程中出现的问题，加强工作指导和督促检查。专班人员要明确责任分工，落实具体工作任务。几个单位联合承办的提案，主办单位要负责牵好头，主动协商；协办单位要积极配合，共同研究，及时将会办意见送主办单位。

健全完善工作制度是办理工作的根本保障。要结合提案办理工作实践，进一步建立和完善协调有效的工作机制，继续坚持目标管理考核责任制度、领导督办检查制度、与提案者联系制度和征询反馈制度等；健全分解交办、承办催办、督促检查、落实答复、案件归档等程序，不断推进办理工作规范化、制度化建设，切实使提案办理真正做到级级有人抓，事事有回音，件件有落实。

三、要加强沟通协调，不断提高办理实效

一是各承办单位要主动加强与提案者直接联系和沟通。要掌握提案者的真实意图，采纳他们对办理工作的意见，以实现“提”、“办”双方良性互动，增强办理的针对性，提高提案的采纳率和提案者满意度。对提案所涉及的问题，能够解决的，要迅速拿出办理方案，尽快落实；正在解决之中的问题，要告知办理进展和预计解决的时间；一时难以解决的，要说明情况，创造条件，留待以后积极解决；确实不能解决的要实事求是地说明情况和原因，达到相互沟通，增进理解。对提案办理不认真，委员不满意的提案，承办单位要重新办理和答复，确保实现提案办结率、回复率达到 100%，委员满意率和基本满意率达到 95% 以上的目标。

二是市政府督查机构与市政协提案委员会要加强密切配合。提案办理是市政协今年实施“四百工程”的重要内容，市政协提案委员会要积极主动会同市政府督查室，采取联合督办、现场办案、协商座谈、跟踪问效等形式，共同研究解决办理工作中遇到的问题，努力形成提案办理工作整体合力，把市政协提案办理工作提高到一个新水平。

李健强同志
在市政协七届三次常委会上的讲话

（2012 年 10 月 15 日）

各位常委、同志们：

本次常委会的各项议程在大家的共同努力下已进行完毕。今天的会议市政府高度重视，朱明武副市长、左扬副市长分别通报了今年全市招商引资和“一抗三保”情况，会上还审议通过了市政协前三季度“四百工程”实施情况和市政协对前三年乡镇观摩项目情况的调研报告。今天的会议大家准备充分，发言积极，发表了很好的意见和建议。会议开的很成功，取得了预期的效果。会后，办公室要将意见和建议认真整理，及时向市委、市政府及相关部门反馈。

如何适应新的形势要求，发挥常委会领导作用？我利用今天的机会，讲三点意见。

一、认清政治责任，增强做好政协工作的使命感

中国人民政治协商会议实行委员会制，委员会设常务委员会主持会务。《政协章程》第四十七条明确规定了地方常委会行使的六项职权。政协常委是政协组织的领导成员和政协履行职能的组织者。如果说发挥政协委员主体作用是人民政协的一项基础性、经常性、全局性的工作，那么，政协常委的作用就是基础中的基础，经常中的关键，全局中的首要。政协作用发挥在常委，政协活力展现在常委，政协发展依靠在常委。因此，我们要充分认识政协常委的政治责任和职务份量，正确自我定位，切实增强做好政协工作的使命感。

1. 政协常委会是人民政协的领导机构。我们政协常委会是主持政协会务、行使委员会职权的领导机构。各位常委，作为全市政协的领导成员，在保证有效履行常委会的各项职责，切实发挥常委会的领导作用，不断推

进全市政协工作健康发展等方面承担着重大的责任，肩负着在新形势下发展社会主义民主政治，建设社会主义政治文明的重大使命。人民政协是我国政治制度中不可缺少的政治组织机构和民主形式。人民民主是中国共产党始终高扬的光辉旗帜。改革开放以来，中国共产党深刻总结发展社会民主正反两方面经验，明确提出没有民主就没有社会主义，就没有社会主义现代化。人民政协这一中国特色政治组织和民主形式，是我国社会主义民主政治建设的伟大创造，既顺应世界民主发展潮流，又体现中国共产党和中国人民的政治智慧，具有强大生命力和远大前程。人民政协高举团结民主旗帜，坚持求同存异、体谅包容的原则，组织各界代表履行政治协商、民主监督、参政议政职能，这种协商式的民主形式是中国特色社会主义民主政治的优势所在，具有中国风格，中国气派，中国力量，她与中国共产党领导下的人民代表大会制度一样，是我国政治制度不可或缺的重要组成部分，在国家和各地方的政治、经济、文化和社会生活中将发挥越来越重要的作用。作为其中一员，我们每名政协常委应当感到地位崇高、使命光荣、责任重大。

2. 政协常委会是政协履职的重要平台。政协履行政治协商、民主监督、参政议政职能，在委员全体会议闭会期间，要开展提案、视察、调研、交流信息等经常性工作，主要靠常委会议、常委专题协商会、靠常委参与界别活动组会议来实现协调关系、建言献策、沟通各方、服务大局的目的。各位常委抓住主题，掌握实情，积极参会，敢于讲话，不仅能够形成民主开放的气场，活跃协商讨论氛围，而且还能汇聚更多的真知灼见，提高协商讨论的质量，形成高价值、高水平的良策。这对于推进各方的团结联谊、凝聚全社会的智慧力量，提升党委政府工作成效将会产生重要作用。因此，没有常委会的履职作用，就不能发挥政协委员的主体作用，从而也就难以发挥人民政协工作的实际作用。

3. 政协常委在委员队伍中有着重要的带动示范作用。政协常委是各个界别政协委员的优秀代表，是各界别协商提名、政协党组推选、党委审定、全会选举产生的，有着广泛的代表性和影响力。一部分常委在中共党内和政府机构中还担任着重要领导职务。政协常委又直接参与各个政协委员活动组和联络处的活动，在政协一些经常性活动中与各界别委员有着广泛深入的接触。在某种程度上，政协常委的思想倾向、言论主张、行为举止对政协委员有着直接的影响作用。政协常委的精神状态就是政协组织的政治形象，政协常委的工作成效直接影响政协作用的发挥。可以说，常委行则政协兴，常委不行则一事难成。

政协换届之后，大多数政协委员和常委是新进的，突出的特点：一是年轻化；二是学历高。政协工作绝不是大多数常委和委员的终点站，大家还要担负更重要的工作。那么在政协这个平台上如何发挥优势，加强自我锻炼学习，接受党和人民考验，也是一个重要课题。今年以来，政协常委会认真落实市政协七届一次全会精神，努力实施“四百工程”，围绕服务市委政府工作大局，各项工作取得了较好成效，政协整体形象得到提升，市政协先后获得了全市“最佳文明单位”、随州市“三万活动”工作先进单位、湖北省“先进政协组织”称号。在政协履职创新、制度建设、委员队伍管理、参政议政等方面作了一些探索，得到各级领导和群众的肯定。这是我们常委会齐心协力、共同奋斗的结果，是各位常委积极作为、带动示范的结果。十个多月的实践证明，七届政协常委会是能够带领全体政协委员在广水实现跨越式发展中有所作为的。

在肯定成绩的同时，我们也要看到，我们这个班子的少数同志对政协常委应担负的“政治责任”认识还不清楚，缺乏基本的“角色意识”。主要表现在：**一是缺乏参与政协活动的热情**。有的对参政议政、建言献策的“职务行为”兴趣不大，不能深入调研，大胆发言，积极提出有分量有影响的提案、意见和建议。会前，我对各位常委参与提案工作情况认真摸了一下底，七届政协一次会议确定的43件立案提案，委员有243人次参与提案，常委参加的仅24人次。到目前为止，基本没有常委提出专题调研报告。没有调查就没有发言权。我们每次常委会都请来市领导通报相关情况，你不搞调查研究，基本情况都没有搞清，议政何来真点子？建言何来好对策？这样的状况，只是贻笑大方！这样的状况，是浪费别人的时间！人家好多只是出于无奈，给予表面上的客气尊重。自己都不把自己当回事，别人不可能把你当回事！**二是不能积极组织和参加界别活动组的活动**。有的参与“四百工程”流于形式，参加委员活动组活动次数不多，内容不实，成效不大。相比乡镇政协联络处工作差距较大。**三是不能遵守组织纪律**。有的对政协活动要求放任自流，不当回事；对政协活动安排置之末位，随意而行；对政协工作的检查考核敷衍应付。**四是缺乏政协组织观念**。在委员间、常委间没有正常的思想交流和信息沟通，互不往来，互不交流。更谈不上与政协机关、专委会加强联系，向主席、秘书长汇报履职情况。出现这些问题，究其原因：一是只愿兼职挂名，不愿做政协工作。只想挂着政协常委这块牌子装饰自己，没有想过在政协组织中应该尽到什么责任。二是认为政协只是自娱自乐，无所作为。把政协视为吃吃喝喝、玩玩乐乐的娱乐站，养尊处优的休闲中心，无所谓“责任”、“职责”。三是自我膨胀，定位不正。我们说，政协组织人才荟萃，是一个精英组织。而有的同志还真把自己看作成了“名流贤达”，自认为是某级领导、某界名人、某行人才，不受约束，不尽责任。四是缺乏履职能力和必要的知识储备。所有这些都极大妨碍了政协工作顺利进行，损害了人民政协形象，如果任其下去，就无法担当起本届政协的“政治责任”。希望能引起大家的高度重视，把认清“政治责任”、自觉履职尽责作为常委班子大事来抓。

二、主动带头作为，在落实四百工程中发挥先锋模范作用

在七届一次政协全会上，大会报告提出了实施“四百工程”，服务跨越发展的规划，要求各级政协组织和每个政协委员要积极投身于实施“四百工程”之中，把落实“四百工程”作为政协工作的第一抓手，把参与“四百工程”作为委员履职的第一要务，把完成“四百工程”作为绩效考核的第一内容。现在已经是全年最后两个月的冲刺阶段，各委员活动组“四百工程”落实如何，是实现政协全年工作目标的关键。我们各位常委要认真“回头看”，对照年初任务目标和考核要求，配合各位组长组织委员们一分一分找差距，一项一项抓落实，带头完成“四百工程”考核目标。对于“四百工程”，推动落实，就是干事成事；完成目标，才是有所作为；干出效果，才是勇于担当。这里，要求各位常委在会后做以下四件事。

第一，要对自己参与联系服务的招商引资的项目进行认真联系回访，推进项目实施进度。还没有落实招商服务项目或企业的，要迅速落实。此

项工作年底考核要做到常委人人无空白。

第二，要协同委员活动组，到所对口联系的企业或单位进行一次走访座谈，切实帮助其解决实际问题。

第三，要走访本界别委员或群众10人以上，征询2至3个调研议政题目，酝酿提出2件以上新年度提案。

第四，要在12月前向政协办公室提出明年政协工作的个人书面建议。

关于“四百工程”的推动落实，不少人议论很多，我也时有耳闻，有的认为牵扯精力过多，影响了自己本职工作。因此，在这里我重点讲一下本职岗位工作和政协工作的关系问题。这里有几层关系大家必须要理清。一是做好本职岗位工作是做好政协工作的基础前提，否则我们就不能成为其界别代表。二是本职岗位工作与政协工作不能互相替代，两者各有区别，不能孰轻孰重，不能失之偏废。三是政协工作是本职工作成就的提升，影响的扩展，人生价值的高层面展现。四是本职岗位和政协工作都只有放在党的整体伟大事业中才能体现其价值意义。

需要强调的是，乡镇政协联络处作为市政协的派出机构，各联络处主任要认真履职，屁股要坐正。不管你是专职还是兼有它职，搞着这个事，就要履职尽责，不能借口其他，丢掉了本职，把政协这项工作不当个事。因此，我们要加强履职考核。搞不来，一可以主动请辞；二可以通过考核，经组织程序调整。如果认为本职工作与政协履职难以兼顾，政协工作影响耽误了本职工作，可以请辞。

三、硬化职务要求，增强履职动力和能力

应该说，就整体而言，政协常委的工作积极性很高，工作有不少起色。换届以来，我们注重了加强制度建设，把提高政协委员队伍素质，发挥委员主体作用和专委会职能放在了重要位置，注重总结各委员活动组、各联络处工作经验，创新方式方法，以树立政协新形象，不断提升政协工作的科学化、规范化水平，在许多方面取得了明显成效。不少常委在参政议政、建言献策中提出了很有分量的调研报告和社情民意信息。张大红常委的《关于加强网吧监管的提案》和《合理利用水资源的建议》，金希常委提出督促落实的《加强农村生活垃圾处理，建设生态文明新农村》提案，刘诗民

常委参与提出的《进一步优化经济发展环境》的提案，程军、丁继玲常委参与提出的《实施应广两城同网供水工程，确保广水城区生活用水》的建议，李新平、李芸常委提出的《关于搬迁广水市清真寺的建议》等都产生了良好的社会效果。严茂松、熊海东、刘鹏、程亮元、何琴、梁瑞明等常委积极参政议政，敢于直言讲话。但是，也要看到参政议政不够积极，提案建议质量不高，“选题不准，调研不深，对策不当，发言不多”，仍是一大突出问题。这固然有投入精力不够，思想重视不够的问题，但更重要的还是对政协常委的职务要求不高，约束制度缺失，履职动力和履职能力严重不足。因此，要从硬化常委职务要求入手，加强制度建设，增强履职动力和能力。

1. 加强理论学习，不断提高自身素质

学习是一个永恒的主题。对政协委员而言，要树立终身学习的理念。

一是要多看。要多看书报，更多地了解时事政治、政策法规、党的路线方针等重要信息；要多看经典作品，不断丰富自己的精神品格和品德修养；要多看网络，了解人类文明发展的潮流趋向。自己要有针对性地选择学习内容补课充电，紧跟时代步伐，保证不掉队、不落伍。

二是要多听。多参加各类培训、讲座、专题辅导、论坛，多参与各种研讨活动和活动组的委员讨论，加强互相交流，善于汲取他人之长。

三是要多写。文章是思想载体。要多记笔记、多记信息、多写感想、多写调研报告。这是政协委员参政议政的基本功。

2. 广泛知情明政，夯实参政议政基础

我们曾提出，政协委员要在政治协商中能讲清“真道理”，在民主监督中能做到“真碰硬”，在参政议政中能提出“真点子”，而做到这“三真”的基础是要“知情明政”。不知不说，不晓不说。一是要“明上情”。即学习了解党的路线、方针、政策，国家法律法规，中央地方各级的工作要求等。二是要“晓市情”。每次常委会都安排有市领导通报某一方面的情况，市委、市政府的各种会议、文件，政协组织的各方面工作情况的调查、视察，这些都是通晓市情的好途径，我们都应该积极参加。三是要“通民情”。就是要广泛加强与各界群众的接触了解，经常进社区、进村落、进企业，了解收集群众最关注的热点问题、难点诉求，特别是本界别群众的要求反映。四是要“知外情”。要多了解市外、省外甚至国外经济社会发展情况，多了解外地、外界的发展态势，工作举措、发展特色等。

3. 健全沟通机制，加强互相交流

政协是一个政治组织，而绝非乌合之众。是组织就有上有下，有大有小，有头有尾，有纪律要求，有工作目标，有行为规范。省政协领导提出：政协“宽松而不放松，自由而不自流，民主而不是无主”。我个人认为，过分松散，互不沟通，互不往来，相互客套敷衍，是政协组织的一大通病。因此，我们在常委会内部，要从建立自身联系沟通机制入手，来加强政协常委的“职务要求”。

一是要建立约谈制度。每两个月各位主席要与所分管界别的常委约谈一次，了解其思想工作状况，听取其建议意见。二是要建立走访制度。建立主席和各专委会走访常委、常委走访委员的机制。此项活动半年要定期组织开展一次。三是要建立联络制度。各活动组、乡镇联络处对所在活动组的常委、委员一月要联络一次。四是要建立述职制度。每年举行一次常委述职活动，可由常委集中进行或常委向所在界别活动组述职。述职评议结果作为年度履职考核的重要内容。

4. 严格履职考核，树立良好社会形象

年底，我们将严格落实量化考核的意见，对各位常委、委员落实“四百工程”情况、出勤政协会议活动情况、《议事规则》执行情况、常委述职评议情况进行分项打分。年度考核情况、履职情况由政协党组分别向市委组织部、统战部书面通报，作为评优评先、人事调整和干部任用的重要考核内容。对考核评议不能胜任常委职务的，予以劝辞调整。对乡镇联络处主任的考核管理也将拿出专门意见实施。

各位常委、同志们，再好的计划目标不落实都是空想。我们唯有拿出知行合一、身体力行的具体行动，才能不负政协常委的光荣使命，才能履行好人民政协各项职能，为推进广水经济跨越发展，加强政治文明建设作出更大贡献！

重要文件

关于印发《广水市政协公文处理工作规程》的通知

广协办发〔2012〕1号

各专委会、办公室各科：

为进一步规范政协机关公文处理，提高工作质量和工作效率，经主席会议研究，结合市政协工作实际，制定了《广水市政协公文处理工作规程》，现印发给你们，望遵照执行。

市政协办公室

2012年1月9日

广水市政协公文处理工作规程

市政协公文处理，包括收文办理和公文制发。具体工作规程如下：

一、收文的处理

收文包括市委、市政府及上级政协、外地政协的来文、来电和各乡镇办事处政协联络处、委员活动组、政协委员及政协参加单位报送的调查报告、社情民意信息。

（一）来文来电的处理。市委、市政府及上级政协、外地政协的来文来电，由秘书科及时送秘书长审阅，经秘书长签署拟办意见后，送分管副主席或主席阅示，再根据领导指示意见交相关专委会、科室或部门办理。

（二）调查报告和社情民意反映的处理。各乡镇办事处政协联络处、委员活动组、政协委员及政协参加单位报送的调查报告、社情民意反映，统一由调研科登记、整理，并根据主席会议成员的分工，送相关领导阅示，再根据领导批示意见办理。

二、公文的制发

市政协制发的公文，包括《广协发》《广协办发》《广协办函》《广水政协》《建议与参考》《社情民意反映》《会议纪要》请示、报告等。

（一）受理

市政协主席会议、常委会议议定的事项和市政协领导批示办理的事项，以及市政协正副主席、秘书长在收文办理过程中认为确需以市政协或市政协办公室名义发文的事项，可予发文。

（二）草拟

公文文稿由市政协办各科室草拟，也可交由市政协有关专委会代拟。草拟文稿必须符合以下要求：

1. 行文符合党和国家的方针、政策、法律、法规和《政协章程》规定。应当注重实效，提出的意见或措施，应当有充分的依据和理由。

2. 行文观点明确、材料真实、引文正确、语言规范、结构严谨、层次分明、条理清楚、直叙不曲、篇幅力求简短。

（三）审核

由分管副秘书长对拟定的文稿进行初审。初审的重点是：是否确需行文，行文的文稿是否符合草拟公文的有关要求。修改后报秘书长审核。秘书长把关审核后，在发文笺“拟办意见”栏签字后，送分管副主席审阅。

（四）签批

经审核后的公文文稿，按下列程序签批：

1.《广协发》《会议纪要》请示、报告一般经秘书长审核后由分管机关副主席签发，重大事项由主席签发。

2.《广协办发》《广协办函》《广水政协》《建议与参考》《社情民意反映》一般由秘书长签发。其中，属于重大事项的，经秘书长审核后报分管机关副主席签发。

（五）校对与印制。

由拟稿人负责文件的校对与印刷，核对要逐字逐句，一丝不苟，做到对校、通校、终校三校定案，杜绝出现差错。一旦出现差错的，文责自负。

（六）分发

市政协、市政协办制发的文件，按领导批示的意见分发，由秘书科负责。

三、文件的立卷和归档

所有的公文，按照文书档案管理规定，由秘书科统一收集整理、立卷归档。

关于政协委员理论知识测试情况的通报

广协办发〔2012〕2号

各专委会、乡镇政协联络处、委员活动组：

为了帮助新一届政协委员学习人民政协的基本知识，熟悉政协工作的章程、规则，了解政协委员的职责，更好地履行政治协商、民主监督、参政议政的三大职能，根据主席会议精神，在政协七届一次全会上，市政协办公室对全体委员精心组织了一次政协理论知识培训，会后，印发了政协知识测试卷，并及时邮寄给每名政协委员，又多次逐个逐个的电话联系催促，以确保学习测试效果。现将测试情况通报如下：

本次理论测试共下发测试卷280份，截至2月3日，收回235份，回收率83.9%。试卷回收后，工作人员认真评卷打分，此次政协知识测试及格率100%，最高分为满分，最低分为65分。其中：100分的有70人，90分以上的有113人，80分以上的有46人，70分以上的有5人，60分以上的有1人。从测评效果来看，广大政协委员政协统战理论有了明显提高，为委员履行三大职能奠定了坚实的基础，达到了预期效果，许多委员还对今后政协工作提出了切实可行的建议和意见。

这次测试总体情况良好，但也存在一些问题：一是个别委员常年在外经商，无法完成测试任务；二是少数委员学习态度不端正。对测试认识不明确，出现请别人填卷、敷衍应付现象；三是有些委员对测试极不重视，在工作人员连打五次电话催促的情况下，至今仍未交卷，影响了此次理论学习的整体效果。

搞好理论学习是每位委员认真履职的基本前提。为打造学习型政协组织，提升委员履职能力，新一届市政协委员会拟建立健全委员学习长效机制，将委员每次参加学习、调研、视察等活动情况记入《政协委员履职档案》，作为年底对委员进行综合考评的重要依据。希望广大政协委员以此次理论学习为起点，加强学习，不断提高综合素质和履职水平，为促进广水经济社会发展贡献力量。

附：各活动组理论知识测试情况通报

市政协办公室

2012 年 2 月 3 日

各活动组理论知识测试情况通报

党群活动组

应交：22 份　　实交：21 份

未交：李 卫

工商联活动组

应交：22 份　　实交：17 份

未交：刘诗艮　闵大洪　吴晓霞　李勇刚　吴宜秀

社科、科技活动组

应交：21 份　　实交：18 份

未交：吴庭煦　闵文杰　蒋国金

经济活动组

应交：20 份　　实交：15 份

未交：龙 广　张志才　王阿娜　叶 珍　沈宝栋

农业活动组

应交：12 份　　实交：11 份

未交：唐建军

文教卫体活动组

应交：21 份　实交：21 份

社保、民宗活动组

应交：17 份　实交：10 份

未交：程全国　叶由军　袁春丽　释界文　王向庭　李新平　李新国

应办活动组

应交：14 份　实交：12 份

未交：熊忠华　易良德

广办活动组

应交：26 份　实交：21 份

未交：胡 洋　柯光慧　卢永强　吴建明　胡秀红

十里活动组

应交：7 份　实交：6 份

未交：魏发超

武胜关活动组

应交：11 份　实交：11 份

杨寨活动组

应交：9 份　　实交：8 份
未交：邓海鸿

城郊活动组

应交：8 份　　实交：7 份
未交：程艳国

长岭活动组

应交：8 份　　实交：8 份

马坪活动组

应交：7 份　　实交：7 份

李店活动组

应交：7 份　　实交：3 份
未交：卢爱明　左孝鸿　潘建英　卢宏权

太平活动组

应交：4 份　　实交：4 份

陈巷活动组

应交：8 份　　实交：5 份
未交：王冬梅　章国强　陈　斌

骆店活动组

应交：4 份　实交：4 份

余店活动组

应交：6 份　实交：4 份
未交：王寿行　程开宇

关庙活动组

应交：6 份　实交：6 份

蔡河活动组

应交：8 份　实交：6 份
未交：曾 毛　蔡诗国

郝店活动组

应交：6 份　实交：5 份
未交：冷利堂

吴店活动组

应交：6 份　实交：5 份
未交：杨保菊

关于印发四百工程实施意见的通知

广协办发〔2012〕3号

各专委会、乡镇政协联络处、委员活动组：

市政协四百工程实施意见已经市政协七届一次常委会审议通过，现予以印发，望遵照执行。

市政协办公室
2012年2月16日

广水市政协四百工程实施意见

（2012年2月16日）

为了实现市政协七届一次会议提出实施“四百工程”干实事、力尽委员之责的目标，特制定本实施意见。

一、指导思想

以科学发展观为指导，全面贯彻落实市第七次党代会精神，围绕中心，服务大局，以政协委员为主体，建立以联系企业项目为基础、支持创业促就业为推动、广泛招商引资为抓手的服务经济建设工作机制，充分发挥政协智力密集、联系广泛的优势，帮助企业做强做大，引导企业二次创业。通过实施“四百工程”，引导政协委员积极投身全市经济建设，服务市委中心工作，推进政协事业全面发展。

二、工作目标

以“四百工程”为载体，通过在委员活动组与企业项目和经济实体间建立对接联系点的方式，全面实现每年至少联系招引服务100个项目、支持带动 100 人创业就业、收集编发 100 条社情民意信息和文史资料、撰写落实 100 件提案建议的目标。

三、工作任务

以委员活动组为单位，组织政协委员进企业、入社区（村）、到单位进行对接联系。要求各活动组每个月至少进驻联系点 1 次，开展走访座谈、视察调研、交流信息，及时了解情况、收集信息、分析问题、解决问题。具体包括：

（一）收集了解招商引资信息。

（二）帮助企业收集了解本行业发展动态。

（三）协助企业加强与政府部门和各服务单位联系。

（四）参与企业和各类经营主体间的创业信息交流。

（五）充分了解联系点单位的社情民意。

（六）关注本地和联系点居民的生活现状和政府重大改善民生政策的落实情况。

（七）深入调查挖掘本地重要人文历史史料，收集本地各类文史信息。

（八）跟踪当年政协提案办理进程。

四、工作原则

（一）做好自身、带动示范原则。政协委员自办或所在企业、经济实体优先纳入对接联系点，以帮助委员在行业中当好表率、作好示范。

（二）就近对接、方便联系原则。乡镇活动组一般联系本地企业，市直活动组一般联系城区或工业园区企业。

（三）界别为主、发挥优势原则。一般根据委员的行业和专业特长，有针对性地安排联系对象。

（四）创新方式、充分履职原则。各活动组要根据市政协总体要求，突出本界别、本地区特点，结合实际，创新活动方式，丰富活动内涵，充分履行职责，确保“四百工程”取得实效。

（五）相互交流、共同提高原则。组织委员参与社区、单位和企业间的互助合作，开展联谊、座谈、观摩、交流等活动，促进相互启发，共同提高。

五、保障措施

（一）加强领导，组建专班。成立市政协实施“四百工程”工作领导小组，市政协主席任组长，各位副主席任副组长，各专委会、活动组（联络处）为成员单位。

（二）明确职责，狠抓落实。建立办公室、专委会、活动组（联络处）三位一体的工作机制。各活动组（联络处）按照本实施意见的总体要求，将目标任务落到实处。人数较多的活动组可以分成若干个小组进行“一对一”的对接帮扶。办公室要切实担负起统筹规划、综合协调、管理监督的职责，做到每季有督办，年中有检查，年底有验收，保证“四百工程”目标任务落实。

（三）加强考核，严格奖惩。实行“四百工程”考核机制，制定评分细则。建立活动组工作台账，切实做到有活动计划、有工作记录、有结果实效。办公室负责组织平时和年终考核，按照标准，实行百分制考评。

（四）严守纪律，树立形象。各活动组要严守工作纪律，不得以任何理由、任何方式增加联系对象负担，切实做到“五不准”：不准向联系点提任何不合理要求，不准接受联系点的吃请和报销开支，不准收受联系点馈赠的钱物，不准抹牌赌博和参与娱乐消费，不准做违背联系点意愿、侵害其利益的事情。通过对接联系活动，树立政协委员良好的社会形象。

关于印发广水市政协机关管理制度的通知

广协办发〔2012〕4号

各专委会、办公室各科：

《广水市政协机关管理制度》已经七届政协三次主席会议研究通过，望遵照执行。此前相关文件从印发之日起废止。

市政协办公室

2012年4月20日

广水市政协机关管理制度

一、财务管理制度

1. 财务管理包括预算内、外的收支管理，以及对来客就餐、绿化维修、建设购物、小车费用等大宗支出的监督管理。财务工作实行集体领导与分管领导负责相结合，日常财务管理由办公室分管机关的副秘书长和报账员负责。

2. 市政协正副主席经费按市财政核定标准实行包干使用，所支出的费用由经办人签经手人，主席在票据上签属实，然后由秘书长签字报账，主席车辆保险费由财务人员直接结算，从机关公用经费支出。

3. 主席因公出差所产生的有关费用从办公室公用经费中支出。

4. 财务管理坚持勤俭节约、民主理财的原则，实行收支一本账，审批一支笔。经费由财会人员统一管理，由秘书长一支笔审批，每周三为签字日。

5. 机关所有费用支出实行申报制，未经许可不得报销。机关接待需要采购烟酒、安排就餐或住宿、购买办公用品等，一律凭办公室进餐或购物通知单进行安排。机关文印一律凭办公室打印通知单到指定的文印室打印，每次印完必须用大写注明版数、份数、金额、经手人，空白处要划横杠，以便结账时核对。

6. 财会人员每月须向秘书长和分管机关副秘书长提供一份机关财务报表。分管机关副秘书长每年 4 月、10 月分别向驻会主席汇报一次机关经费收支情况。

7. 财会人员要坚持原则，一视同仁，做到账目清楚，手续完备。对报销的票据，“六要素”要齐全，即时间、项目名称、金额（大小写一致），经手人、核实人、审批人齐全，就餐发票需附菜单原件，注明有菜名、菜数、烟酒数、招待人、陪客人等。对不符合规定的票据一律不予报销。财会人员要分科目登记账目，做到日清月结。

8. 财务结算方式：1000 元以下支出经秘书长签字后，由经办人员付给对方单位；1000 元以上支出由分管机关副秘书长与财务人员一起结算。

9. 机关财产要统一登记造册，建立台账由秘书科统一保管，需维修、处置的，报分管机关的副秘书长同意后方可执行。人员变动秘书科要及时核对，分管机关的副秘书长组织移交。

10. 在职副科级以上干部固定电话费、移动电话费按市纪委 [2002]10 号文件规定的标准执行。即副科级干部固定电话按每月 60 元、手机费按每月 120 元报销，正科级干部固定电话按每月 80 元，手机费按每月 240 元报销。主席、副主席电话费、手机费按有关部门规定标准执行。“实改非”人员不享受移动通讯费和交通费待遇，只按正科 80 元／月、副科 60 元／月报销固定电话费。独生子女费按 100 元／年的标准发放，独生子女保健费（14 周岁以下）按 100 元／年标准发放（夫妻双方都有固定工作的各发 50 元）。每年清明节、端午节、中秋节给机关人员每人发放 300 元慰问金。

11. 机关工作人员交通费实行全年包干。在岗正科级干部每月 150 元、副科级干部每月 100 元，年底一次性发放，因公到本市以外出差的补助费、车船费、住宿费按本市有关规定据实报销。

12. 工作人员因公因事需借款的，2000 元以上报秘书长同意，但必须在 28 天内报账或还款。

13. 政协常委父母病故的，政协机关人员本人及其父母配偶、子女生病住院的，以及主席直接安排的，由办公室组织看望，探视费原则上不超过 500 元。机关干部职工子女上大学、本人或子女结婚、父母病故的，由办公室统一组织“凑份子”，其他情况办公室不予组织。正副科级干部党校培训期间，办公室不搞看望活动。

14. 机关每年其他各项福利支出，按主席办公会研究的意见执行。

二、工作制度

（一）考勤制度。①机关工作人员每天两次上班，首先应到秘书科签到表上签到。因工作原因确实无法签到的，应向分管机关的副秘书长说明原因，由分管机关的副秘书长交待秘书科值班人员注明情况，其他工作人员不得随意代签补签。②每个工作日上午 8 点 30 分和下午 3 点前，由秘书科将签到表核实收管。实行一星期一汇总，一月一公布，一季度一通报。③上班时间不得早退、擅离岗位，不得串岗、聊天、大声喧哗；不得上网从事娱乐活动。经市效能办查处通报的，每查处通报一次扣除 100 元。

（二）请销假制度。①因私、因病需请假的，三天以内向秘书长请假，三天以上书面向分管机关的副主席请假，批准后方算假，由秘书科在考勤表上记载，请假期满后，向批假领导销假。②无故缺岗和因事请假全年累计超过 20 天的，因病休假超过 30 天的（大病住院除外），当年不被评先表模、不享受年休假。③无故缺岗一个工作日扣除 8 元，全勤的奖励现金 500 元。

（三）值班制度。平时值班由秘书科负责，双休日、节假日值班由机关全体工作人员按秘书科安排轮流值班，分管机关的副秘书长负责督促检查。值班时间从早晨 8 点到晚上 9 点，保证信息畅通。值班人员要认真做好值班日志，完成当日应办事宜，并做好转办事宜的交接工作。要注意财产安全，爱护公共财物，节约用水、用电。下班前要关好电脑、电灯、空调、门窗、烧水器等。办公室大门由专人管理，在保证正常办公的前提下，保持人走门锁，确保机关财物安全。

（四）环境保洁制度。机关内环境卫生实行分片包干负责制，由分管机关的副秘书长督促相应人员落实到位。要保持良好的办公环境，做到清洁卫生、整齐美观。

（五） 接待工作制度。①接待工作本着热情服务、勤俭节约的原则执行。②接待范围和对象：上级和外地政协来广检查、指导、参观、考察和联系工作的领导同志，乡镇办事处政协联络处来市政协汇报和联系工作的同志，市直有关部门需办理业务的领导。③接待来客和安排就餐：一般安排在机关食堂，由分管机关的副秘书长报请秘书长同意后，组织实施并结账，当天发生的费用当天核实登记。④上级政协来广水视察、调研政府工作的，一般在被调研、视察单位安排就餐，需政协安排的，需报分管机关主席批准，安排住宿的，应由对方付住宿费。省部级以上接待活动，要做好申报和服务工作，由市政府接待办统一接待。⑤实行统一安排，对口接待。不按规定自行安排就餐的，办公室不予结算。⑥各位主席个人接待的单位和客人，招待费从主席经费中支出。

（六）公文处理工作规程。市政协公文处理，包括收文办理和公文制发。具体工作规程如下：

1. 收文的处理。收文包括市委、市政府及上级政协、外地政协的来文、来电和各乡镇办事处政协联络处、委员活动组、政协委员及政协参加单位报送的调查报告、社情民意信息。①来文来电的处理。市委、市政府及上级政协、外地政协的来文来电，由秘书科及时送秘书长审阅，经秘书长签署拟办意见后，送分管副主席或主席阅示，再根据领导指示意见交相关专委会、科室或部门办理。②调查报告和社情民意反映的处理。各乡镇办事处政协联络处、委员活动组、政协委员及政协参加单位报送的调查报告、社情民意反映，统一由调研科登记、整理，并根据主席会议成员的分工，送相关领导阅示，再根据领导批示意见办理。

2. 公文的制发。市政协制发的公文，包括《广协发》《广协办发》《广协办函》《广水政协》《建议与参考》《社情民意反映》《会议纪要》、请示、报告等。

⑴受理。市政协主席会议、常委会议议定的事项和市政协领导批示办理的事项，以及市政协正副主席、秘书长在收文办理过程中认为确需以市政协或市政协办公室名义发文的事项，可予发文。

⑵草拟。公文文稿由市政协办各科室草拟，也可交由市政协有关专委会代拟。草拟文稿必须符合以下要求：①行文符合党和国家的方针、政策、

法律、法规和《政协章程》规定。应当注重实效，提出的意见或措施，应当有充分的依据和理由。②行文观点明确、材料真实、引文正确、语言规范、结构严谨、层次分明、条理清楚、直叙不曲、篇幅力求简短。

⑶审核。由分管副秘书长对拟定的文稿进行初审。初审的重点是：是否确需行文，行文的文稿是否符合草拟公文的有关要求。修改后报秘书长审核。秘书长把关审核后，在发文笺“拟办意见”栏签字后，送分管副主席审阅。

⑷签批。经审核后的公文文稿，按下列程序签批：①《广协发》《会议纪要》请示、报告一般经秘书长审核后由分管机关副主席签发，重大事项由主席签发。②《广协办发》《广协办函》《广水政协》《建议与参考》《社情民意反映》一般由秘书长签发。其中，属于重大事项的，经秘书长审核后报分管机关副主席签发。

⑸校对与印制。由拟稿人负责文件的校对与印刷，核对要逐字逐句，一丝不苟，做到对校、通校、终校三校定案，杜绝出现差错。一旦出现差错的，文责自负。

⑹分发。市政协、市政协办制发的文件，按领导批示的意见分发，由秘书科负责。

3．文件的立卷和归档。所有的公文，按照文书档案管理规定，由秘书科统一收集整理、立卷归档。

三、学习制度

（一）学习目的。遵循学以致用、学习先行原则，大力开展“读好书、修党性、提能力”读书活动，认真组织机关干部参加理论、业务、文化知识学习和有关培训，打造学习型机关，提高机关工作人员的履职能力。

（二）学习内容。结合国际国内形势，学习党的路线、方针、政策以及市委重要决策部署；学习新时期党关于人民政协和统战工作的理论，以及各级政协工作会议精神；学习经济、法律、信息网络知识。

（三）学习方式。鼓励机关干部向实践学习、向书本学习、向领导专家学习。采取集中学习与分散自学相结合的办法进行，集中学习时间为每周一的下午，平时以自学为主。机关党支部成员要带头学习，轮流作辅导讲课，交流学习体会。

（四）学习要求。学习与文史委员会年初拟定年度学习计划，确定学习内容，提出基本要求。对每次学习内容做好记录，对参学人员做好考勤记载。年底对学习情况集中组织检查，重点查学习计划是否落实，学习笔记是否认真，学习体会是否深刻，将检查情况予以通报。

四、小车使用管理制度

（一）小车日常管理。①机关小车由办公室统一管理，确保工作用车和老干部用车。未经许可，任何人不得动用。②主席、副主席每人配备一辆专车，办公室所属车辆负责保障老干部用车和机关工作用车。③未经专车主席或秘书长同意，司机不得擅自出车办私事，不得外借，杜绝私带公车参加非公务活动，否则，发生意外事故及造成的一切后果由司机自己承担，办公室概不负责。④节假日、双休日办公室车辆停放到车库，长假期间，钥匙上交给分管机关副秘书长。⑤驾驶员应提高交通安全意识，严格遵守交通规则，车辆在一个年度内超过 600 元以上违章的罚款从其安全奖中扣除（扣完为止）。严禁酒驾，酒驾的一切后果由个人承担。⑥驾驶员要随时保持通讯畅通，对车辆及所配的工具，必须加强管理，防止丢失，要保证车况良好，车内整洁，做到勤检查、勤保养、安全出车。

（二）用车和维修程序。①办公室所属车辆由分管机关副秘书长统一调度，驾驶员每天出车后，必须按事前安排据实填写行车路线、过桥、过路费等。②办公室小车耗油实行包干制，每 100 公里耗油核定为 11 升，由分管机关的副秘书长核实后按行驶里程结算。③车辆需维修、保养的，驾驶员必须预先向秘书长申报，由分管机关的副秘书长一同到定点维修站核实后再进行维修或保养。

（三）用车标准。由秘书科对办公室所属车辆建立用车台账，严格控制非工作用车和费用支出，每台车年修理费、燃油费原则上不超过 5 万元。①离退休老干部每人每年使用办公室车辆出市外长途的费用不超过 1000 元，超出的费用自理（若市委另有规定，按市委规定标准执行）。②在岗正科级干部每年非工作用车不超过 500 公里，副科级干部不超过 300 公里，超过限定里程费用自理。

五、宣传信息工作奖励制度

（一）鼓励对外宣传。大力提倡、鼓励政协委员和机关工作人员踊跃撰稿、投稿，积极宣传人民政协的性质、地位、作用和任务，反映我市政协的各项活动、工作经验及典型。

（二）严格审批程序。一般对外发布的新闻、信息应经分管公文的副秘书长审阅，重大新闻需经秘书长或分管机关的副主席审阅同意后，方能对外发布。

（三）奖励对象和范畴。政协委员、机关工作人员本人撰写的属于政协工作方面的稿件，凡被各级各种报刊、书籍、网站、广播、电视等媒体采用的，均给予物质奖励。

（四）奖励标准。1、动态性的新闻稿件，国家级奖500元，省级奖300元；随州市级奖100元，广水市级奖50元。2、调研、视察报告理论文章、社情民意信息等工作材料，国家级媒体采用的奖800元；省级媒体采用的奖400元；地级媒体采用的奖200元；县市级媒体采用的奖100元。3、内容相同，被各级新闻媒体重复采用的稿件按采用最高级别标准兑奖，不重复计奖。

（五）兑奖程序。被采用的新闻稿件、工作材料和信息，由秘书科统一登记，年终汇总，经主席会议研究兑现。

六、民主生活会制度

（一）机关党支部每半年召开一次民主生活会，召开的时间为半年的最后一个周末。

（二）民主生活会前，党支部主要负责人要组织班子成员搞好调查研究，广泛征求党内外干部的意见和建议。支部要通知好每位党员认真做好发言准备。

（三）民主生活会，党员到会率应保证在90%以上。如有特殊情况不能参加的，必须向领导请假，说明原因。

（四）领导成员要带头开展批评与自我批评，实事求是，自觉主动的检查自己的思想和工作中的缺点或问题，同时，对其他同志进行帮助。

（五）民主生活会要本着同志之间点问题就是互相帮助，指缺点就是互促进步的态度，坚持知无不言、言无不尽的原则，中心突出，主题明确，不能把生活会开成工作会、总结会、学习会。每位同志的发言由支部委员做好记录。

（六）民主生活会后，机关党员都要针对自己存在的问题，分析原因，吸取教训，提出整改措施，认真落实整改。

（七）民主生活会的整体情况，由支部进行整理，形成报告，按要求上报上级党组织。与会同志不得散播会议情况影响机关团结。

关于深入开展带头创先争优争做人民满意公务员活动的工作方案

广协办发〔2012〕5 号

各专委会、办公室各科：

根据省、随州市、广水市委《关于深入开展带头创先争优争做人民满意公务员活动的通知》（鄂组通 [2011]109 号、随组通 [2012]7 号、广组文 [2012]4 号）精神，结合政协机关工作实际，特制订本工作方案。

一、指导思想

以邓小平理论和“三个代表”重要思想为指导，深入贯彻落实科学发展观，全面贯彻中央关于创先争优活动的总体要求，以“推动科学发展、促进社会和谐、服务人民群众”为主题，紧紧围绕“对人民负责、为人民服务、受人民监督、让人民满意”的基本要求，坚持把创先争优活动与争做人民满意的公务员活动相结合，与日常工作中争佳绩相结合，与目前全市正在开展的“喜迎十八大，争创新业绩”主题活动相结合，以培育和弘扬公务员精神为主题，统筹推进公务员队伍创先争优活动，充分发挥公务员示范带头作用。

二、主要目标

①以“创先争优、争做人民满意的公务员活动”为载体，引导政协机关干部围绕全市工作中心，结合市政协的各项工作任务，立足本职、自觉争创一流工作业绩。

②不断强化大局意识、团结意识、创新意识和责任意识，将政协机关干部队伍打造成一支勤学、会说、能写、善干，服务优质，人民满意的机关干部队伍。

三、主要内容

1. 开展创建“学习型”政协机关活动。每周一下午为市政协机关的学习教育时间，机关干部轮流讲课，既当学员又当教员，交流经验共同提高。还邀请专家学者到机关进行理论讲座，倡议每名干部每月读一本好书。开展职业道德专题教育，树立机关干部正确的世界观、权力观、事业观，提升机关干部的思想境界，为创先争优活动打牢思想基础。

2. 开展助推“四百工程”实践活动。以政协系统撰写落实 100 件提案建议、联系招引服务 100 个项目、支持带动 100 人创业就业、收集编发 100 条社情民意和文史资料为目标，要求机关干部立足岗位，搞好服务，大胆实践，主动作为，创造人民满意的业绩。

3. 开展“履职为民服务”活动。围绕群众普遍关心的小型水利设施建设、企业职工社会保障、医疗保障全民覆盖、农村养老保险等问题进行专题调研，利用政治协商、民主监督、参政议政这一职能，当好参谋助手，建言为民谋利。

4. 开展“规范管理和效率提升年”活动。建立全员工作目标责任制，实施规范化、制度化、标准化的考核办法。对政协机关干部通过述职自评、民主测评、领导鉴评的方式严格考核，促使机关干部爱岗敬业，尽职尽责，推动政协机关规范管理和效率提升。

四、落实要求

1. 加强领导。市政协机关成立带头争先创优、争做人民满意公务员活动领导小组，秘书长汪维浩任组长，副秘书长张克林、张家金任副组长，各专委会主任为成员。

2. 狠抓落实。整个活动分为宣传、实施、评比三个阶段，5 月 10 日以前为宣传发动阶段，12 月 20 日以前为实施阶段，12 月下旬为评比阶段。办公室负责各项措施的落实与评比。

3. 加强督办。领导小组对在活动中出现的新情况、新问题，要及时分析研究，提出针对性的解决意见。注意典型引路，树立活动的旗帜与标杆，督促后进追赶先进，形成长效机制，为整个机关的争先创优活动深入开展营造良好的氛围。

市政协办公室

2012 年 4 月 29 日

关于调整领导班子成员工作分工的通知

广协办发〔2012〕6 号

各专委会、办公室各科：

因市政协机关人事调整，现对市政协办公室领导班子成员的分工进行相应调整。具体分工如下：

汪维浩秘书长：协助李健强主席、傅本华副主席开展工作；主持市政协办公室全面工作，协调各专委会工作。

张克林副秘书长：协助何卫副主席、胡亚明副主席开展工作；分管机关财务、值班考勤、后勤服务等日常事务；分管老干、党务、工会、信访、人事、监察、计生、综治、驻点工作及招商引资工作；联系经济工作委员会、委员工作委员会和团结联谊工作委员会。

张家金副秘书长：协助梅思卫副主席、孙萍副主席开展工作；分管调研、信息、宣传、学习、保密、档案等工作，负责学习和文史委员会工作，联系科教文卫委员会、提案工作委员会。

市政协办公室

2012 年 5 月 7 日

关于1至4月各乡镇政协联络处、市直各活动组工作情况的通报

广协办发〔2012〕7号

开年以来，全市各乡镇政协联络处和市直各委员活动组在市政协的正确指导下，紧紧围绕市委、政府工作中心，认真落实市政协七届一次全会和常委会议精神，积极履行政治协商、民主监督、参政议政职能，努力实施“四百工程”，取得了较好的成效。1至4月份，先后开展调研、视察活动21次，撰写提案108件，服务并帮助企业解决问题34件，招引项目30个，带动就业865人，提供文史资料、反映社情民意信息48条。现将各乡镇政协联络处和市直活动组具体履职工作情况通报如下。

一、认真传达贯彻市政协“两会”精神，明确工作任务

一是政协工作早汇报。市政协七届一次全会和常委会议召开后，应办政协联络处先后2次在党政班子成员会上通报了会议精神，争取党委重视，将政协工作纳入党委工作议事日程；李店政协联络处争取以党委文件形式下发《李店乡2012年度政协工作要点》；武胜关镇政协联络处围绕镇党委提出的目标拟定调研计划，争取党委支持，镇财政给每位政协委员安排1000元的调研经费。经济、工商联、社保民宗活动组和杨寨政协联络处，主动向市政协领导汇报，邀请市政协领导参加其政协活动组委员会议，现场指导。二是会议精神早传达。陈巷、广办、余店、吴店、郝店、蔡河等政协联络处和党群、社科活动组及时传达了市政协七届一次常委会议精神，组织委员认真学习了《2012年市政协常委会工作要点》、《广水市政协“四百工程”实施意见》和《广水市政协关于加强委员管理的规定》，明确履职责任。三是全年任务早分解。应办政协联络处确定每2个月召开一次会议，一个月开展一次活动，一名政协委员一年提交2件提案和征集3条以上的社情民意信息；骆店政协联络处将撰写提案、招引联系企业、反映社情民意和文史资料等任务落实到人。经济、农业、社保民宗等活动组结合各自

实际，出台了具有自身特色的全年工作方案，明确委员工作任务，细化了履职责任。

二、充分发挥委员作用，广泛开展履职活动

蔡河、杨寨、十里、广办、吴店、太平、城郊、长岭等政协联络处和党群、文教卫、社科活动组组织政协委员，对党委政府高度重视、群众反映强烈的热点问题，分别开展了调研、视察活动，取得了较好的效果。蔡河镇围绕“三万”活动、红薯高产栽培及深加工两项重点工作开展了 2 次视察调研，分别形成了调查报告、提出了高质量的建议，得到了镇党委政府乃至市政府高度重视。3 月 8 日市分管副市长带领市发改委、农业局、科技局、妇联会等相关单位负责人到蔡河现场办公，要求加大红薯种植，并与省科研所联系，争取建立红薯开发科研基地和上级资金扶持。余店镇政协联络处对全镇精神病患者在全面调查摸底的基础上，建立健全了管理制度和工作机制，目前已送 5 名易肇事精神病人到白泉医院就诊，从根本上解决了群众的后顾之忧。李店乡政协联络处关注留守老人，争取北京农家女文化发展中心资金扶持，创办了省内首家村级非营利性养老服务中心，3 月 8 日该中心举办了挂牌仪式，已居住 14 位老人，每天有 50 多位留守妇女在中心自发地锻炼身体，每周末有 10 名留守儿童在此得到呵护。3 月 26 日，广办联络处针对广办生活用水短缺问题，组织部分政协委员到霞家河水库和高峰寺水库视察，建议从高峰寺水库接管道供广水城区吃水，缓解城区居民生活用水困难。

三、紧紧围绕经济建设中心，认真落实“四百工程”

一是发动委员招商。应办、广办、十里、杨寨、经济、工商联等联络处和活动组利用区位和职能优势，招商工作成效明显。应办政协联络处将招商引进、项目建设作为工作重点，1 月至 3 月实现招商引资总额 2.2 亿元，在建项目 4 个，已签约项目 5 个。杨寨镇政协联络处把“四百工程”的任务分解到每个委员，全镇 10 名政协委员已联系服务企业或项目 10 个，提供招商信息 8 条，引进项目 4 个，引进资金 5000 多万元，帮助昌瑞纺织等三家企业联系组织就业员工 160 余人。工商联活动组结合自身的特点，通过各种渠道，以商招商。政协委员、洪腾公司副总经理闵大宏，成功地协调招引了随州洪腾公司来广水应山城区建设“一河两岸”工程，总投资6亿元。经济活动组加大招商引资力度，组长张大红举全局之力，引进投资额500万元的湖北广水盛兴发肉类联合加工有限公司落户十里工业园区。余店镇政协联络处3月24日成功招引总投资过8亿元的绿能建筑硅谷项目，目前已落户。十里政协联络处引进企业2个，其中绿能科技有限公司投资2亿元，征地380亩。二是帮助企业解难。陈巷、关庙、李店和农业、经济活动组开展了委员与企业结对帮扶活动，积极帮助排忧解难。陈巷政协联络处在委员走访调查中，了解企业普遍存在招工和融资两大难点问题，主动向党委政府领导汇报，动员全体国家干部、村干部帮企业招工，先后为湖北广大电子科技有限公司、湖北双鑫鞋业有限公司、鸿祥制衣等企业招工53名。同时提供招商信息，将掌握了塑胶制造相关技术和市场的在外务工青年史长喜，招引回家乡创办寿峰塑胶加工有限公司，并帮助解决了征地、资金等困难。李店乡左孝鸿委员个人贷款10万元，为奎叔面业解决了资金周转难题。 三是广泛收集社情民意和文史资料。骆店、太平、吴店、杨寨等政协联络处重视社情民意和文史资料工作，委员人均完成1件以上。吴店政协联络处针对中小企业贷款难、出租车经营不规范、清明节祭祖山火频发等问题，整理成条文，认真编写了社情民意信息征集表，并组织委员开展调查研究，提出了有针对性的意见和建议。同时，还牵头邀请了党史、方志、考古等方面人士到吴店实地考察、征集、撰写历史文化、山水风光、风土人情、经济发展、社会变化等方面的资料，初步计划年底出版成书。

四、切实加强自身建设，夯实履职基础

一是争取领导重视，改善履职环境。杨寨、长岭、应办政协联络处争取党委重视，为政协联络处配备了专干，落实了专项经费和办公设备。长岭镇落实政协参政议政“三在前、三在先”协商制度，联络处主任均参加书记办公会、班子成员会，参与了乡镇重要决策、重要工作、重要活动。应办、杨寨还配置了档案柜、档案盒，健全了工作档案，政协各项工作职能装裱上墙；二是开展了形式多样的学习宣传活动。3月6日，杨寨政协联络处组织了10名政协委员、邀请市政协领导和新闻媒体工作人员参与，举办了人民政协理论学习研讨会，对“如何在新形势下开展政协工作，充分发挥职能作用”这一主题进行了专题讨论。同时加大宣传力度，《杨寨政协委员经济建设显身手》《杨寨政协委员学雷锋》等5篇稿件被随州政府网、广水政府网、广水电视台、广水电台等多家新闻媒体采用。农业活动组2月24日组织委员学习了《政协章程》和《广水市政协关于加强委员管理的规定》，委员们对政协的性质、地位、作用和主要职能有了进一步的了解，激发了委员认真履职的责任感和主动参政议政的积极性。3月26日，城郊政协联络处组织全体委员学习了“产业发展、农民增收、集镇建设”等相关政策，推出了以“读一本好书，做一件实事，出一个金点子”为主题的“三个一”实践活动，提高了委员服务发展的能力。社科、科技活动组开展了读一本好书活动，目前已有19名委员已读完一本书，记有心得体会。工商联活动组挤时间组织本组全体委员开展了三次学习活动，委员政协理论水平得到提高；武胜关镇政协联络处开展学习教育活动，提高了政协委员思想境界。委员易心元捐款1万元、胡元宝捐款5000元，支持家乡建设。三是广泛开展团结联谊活动。4月3日郝店镇政协联络处组织政协委员到云都大酒店参加了郝店家乡建设与发展恳谈会，与郝店在外地工作的领导、企业家老总及成功人士，畅谈郝店家乡建设与发展。吴店政协联络处利用春节、清明节等有利时机，接待吴店镇在外成功人士60多人，并开展了上门拜访活动，征求他们对家乡经济社会发展的意见和建议，共商山区发展大计，取得了较好效果。

总之，开年来各政协联络处和委员活动组均创新性地开展了工作，取得了一定成绩，但与党委政府的要求、人民群众的期望、政协章程的履职要求还有一定的差距，主要表现有：一是思想认识不足。个别乡镇政协联络处和市直活动组负责人履职责任性不强，认为政协工作无所作为、可有可无，工作主动性、积极性不高；有的畏难情绪大，认为委员难组织、活动难开展，工作上始终停留在应付层面；有的对政协职能认识不清，对如何组织委员履职，如何开展委员活动感到无所适从，工作上缺乏章法。二是工作创新不够。不能将行业和地域特点体现出来，工作的形式还缺乏多样性、灵活性，服务当地社会经济发展个性特色还没有充分发挥；宣传人民政协工作的舆论氛围还未形成。三是服务意识不强。政协委员人文荟萃的作用还没有得以充分发挥，服务中心工作，服务发展大局，服务基层群众，反映社情民意信息，开展扶贫帮困活动等力度不够。对此，市政协要求，各联络处和委员活动组在今后的工作中，要总结经验，发扬成绩，开拓创新，为打造有为政协，促进广水经济社会发展作出应有贡献。

附表一：各乡镇政协联络处1至4月份履职情况一览表

附表二：市直各活动组1至4月份履职情况一览表

市政协办公室

2012年5月8日

附表一

各乡镇政协联络处 1 至 4 月履职情况一览表

内容 乡镇	履职活动			四百工程						自选活动
	学习	调研	视察	撰写提案	服务企业	招引项目	带动就业	文史资料	社情民意	
应办	2			6		4				
广办	1		1	6	2	1	30			
十里	1	1		2	3	2	19		4	
武胜关	2	1		4						1
杨寨	2		1	2	3	5	32		8	1
城郊	1		1	2	3	2	40			1
长岭	1		1	2		1	36		1	
马坪	1		1	3	1					
李店	1			1	3			3		1
太平	1		1	2	2	5	245		4	1
陈巷	1		1	1	3	2	83	1	4	
骆店	2			1	2	2	100	1	4	
余店	2	2		1		1				
关庙	1			1	2		20			
蔡河	1	2		1	1					
郝店	1	1		1	1					1
吴店	1		2	1	3	2		1	6	1
小计	21	7	9	37	28	27	605	6	31	7

附表二

市直各活动组1至4月履职情况一览表

内容 活动组	履职活动			四百工程						自选活动
	学习	调研	视察	撰写提案	服务企业	招引项目	带动就业	文史资料	社情民意	
党群	1		1	3	1				1	
工商联	3			11		2			1	1
社科、科技	1		2	6						1
经济	1			17		1	200		4	
农业	3			16	3		60		4	
文教卫体	1		2	13	2					
社会保障民族宗教	1			6					1	
小计	11		5	71	6	3	260		11	2

关于成立湖北省广水市广宁乡亲联谊活动推进委员会的通知

广协办发〔2012〕8号

各专委会、乡镇政协联络处、委员活动组：

为加强广水、宁国两市间民间交流，推进两地乡亲联谊互动，拓展两市合作范围，扩大互结友好成果，经市政协主席会议研究，决定成立湖北省广水市广宁乡亲联谊活动推进委员会，名单如下：

主　任：傅本华　市政协党组副书记、副主席

副主任：汪维浩　市政协党组成员、秘书长

张孝贵　市政协科教文卫委员会主任

成　员：熊海东　市政协常委、市档案局局长

张慧玲　市政协常委、市政府接待办主任

李　卫　市政协委员、市旅游局局长

匡光全　郝店镇政协联络处主任

朱大银　关庙镇政协联络处主任

彭　桥　长岭镇政协联络处主任

傅大国　陈巷镇政协联络处主任

李竹青　李店乡政协联络处主任

刘小平　广水办事处政协联络处主任

韩楚强　应山办事处政协联络处主任

秦传本　市政协团结联谊委员会副主任

委员会下设办公室，汪维浩同志任办公室主任，张孝贵、秦传本同志任办公室副主任，具体负责日常活动的策划、组织。

市政协办公室

2012年7月2日

关于征集族谱档案及姓氏资料的通知

广协办发〔2012〕9号

各乡镇政协联络处、委员活动组：

族谱又称家谱、家乘、祖谱等，是一种以表谱形式记载一个以血缘关系为主体的家族世系繁衍和重要人物事迹的特殊图书体裁。作为中华民族的三大文献（国史、地志、族谱）之一，族谱属珍贵的人文资料，蕴藏着大量有关人口学、社会学、民族学、民俗学、经济史、人物传记、宗族制度以及地方史的重要信息，不仅对开展学术研究有重要价值，而且对加强政协组织与在外广水籍、广水裔人士的团结联谊，搭建交流交往平台，促进地方经济建设都具有十分重要的作用。

目前，广水市一些姓氏族谱已经失传，有的正在编修。为发挥市政协团结联谊、存史资政和市档案馆的档案收集和保护职能，市政协办公室与市档案局拟在全市范围内征集族谱档案及姓氏资料，现就有关事项通知如下：

一、征集范围

广水市境内出版或是手写的有关姓氏、家庭、宗族的家谱、族谱或者宗亲会情况及其他研究资料。

二、征集方法

1. 无偿捐赠，免费查阅。由广水市档案馆出具捐赠证书，记入捐赠名册，分别寄存于广水市政协学习与文史资料委员会、市档案馆。本姓氏人员可免费查阅。

2. 有偿寄存。将资料寄存市档案馆，签订托管协议，资料权属仍为原所有人。

三、征集目的

这次征集家谱、族谱工作，主要目的在于更为妥善保存这一民俗史料，防止因各种不测原因失传，同时提供给本地及外来人士认祖归宗、学术研究、查考佐证使用和对外开展团结联谊活动，不用于任何商业用途。

四、工作要求

各乡镇办事处政协联络处、市直委员活动组要高度重视，积极支持族谱资料征集工作，将征集工作纳入近期政协工作的重要内容。要尽快组织收集本辖区或本界别主要姓氏的族谱或宗亲会联络人名单、社会职务、联系方式和辈份对联，并将收集到的资料汇总后于 7 月底以前送到市政协办公室或市档案馆。

五、征集工作领导小组名单

组　长：张家金　市政协副秘书长、学习与文史委员会主任
副组长：张孝贵　市政协科教文卫委员会主任
　　　　秦传本　市政协团结联谊委员会副主任
　　　　刘　鹏　市档案局副局长

六、办公地点及联系方式

征集小组办公室设在市政协　　电话：6232330
Email:hbgszhengxie@163.com
保管处设在市档案局　　　　　电话：6232624
Email:1136057806@qq.com

市政协办公室
市档案局
2012 年 7 月 5 日

关于成立企业帮办服务工作领导小组的通知

广协办发〔2012〕10号

各专委会、办公室各科：

根据市委、市政府《关于进一步加强企业帮办服务工作的实施意见（试行）》（广发〔2012〕7号）文件精神，为加强市政协机关对口帮办企业的服务工作，经秘书长会议研究决定，成立企业帮办服务工作领导小组，其组成人员如下：

组　　长：汪维浩　市政协秘书长

副 组 长：张克林　市政协副秘书长

帮办成员：韩四强　市政协经济工作委员会副主任

市政协办公室

2012年7月13日

关于进一步加强社情民意信息工作的通知

广协办发 [2012] 11 号

各专委会、乡镇政协联络处、委员活动组：

做好社情民意信息工作是人民政协进行政治协商、民主监督、参政议政的重要基础。今年，市政协将收集和反映社情民意纳入了量化考核的重要内容，得到了各基层政协组织和广大政协委员的积极响应。截至目前，市政协已收集社情民意信息 77 篇，通过筛选整理，向省和随州市政协报送委员信息 8 篇，编发《建议与参考》4 期。但一些信息稿件所反映的问题调研不够充分，事实不够详实，论证不够严谨，建议不够精准，影响了信息稿件的向上报送和刊用，制约了信息成果的运用。

为进一步加强社情民意信息工作，市政协要求各专委会、乡镇政协联络处、委员活动组以及各位委员要继续把收集和反映社情民意作为日常履职的重要内容。要结合各自的工作实际和联系的界别群众，切实深入基层、深入群众，真实了解民情，广泛集中民智，充分反映民意；要围绕中心，服务大局，贴近实际，贴近决策，为党政机关科学决策服务，为人民群众反映意见服务；要加强调研和提案成果的信息转化，充分利用政协信息“短、平、快”的优势，及时将调研过程中了解到的社情民意和一些时效性较强的意见建议通过政协信息渠道反映给党政决策部门，同时，要善于将拟提的提案转化为信息及时报送，促使所关心的问题尽快得到解决。

为加强社情民意信息工作的针对性，提高信息稿件的质量和上报采用率，市政协办公室拟出了征集社情民意信息参考选题（附后），望各专委会、乡镇政协联络处、委员活动组和各位委员结合各自实际，选取所关心和熟悉的课题，开展深入调查，提出意见建议，将调研成果以社情民意信息的形式及时上报。

市政协办公室

2012 年 7 月 31 日

市政协征集社情民意信息参考选题

1. 农民“粮补”发放工作中的问题和建议
2. 基本药物制度实施后乡村卫生室工作状况调查
3. 农村建筑市场安全隐患问题调查
4. 县乡公务员队伍老化断档问题调查
5. 县乡信访维稳工作的困惑及建议
6. 农村中小学布局调整后寄宿制学校建设问题
7. 制约职业技术教育发展的主要因素及对策建议
8. 广水火车站站前广场安全隐患问题调查
9. 退伍转业军人安置难问题调查
10. 农村妇女生殖健康状况调查
11. 散居少数民族生活现状及思想动态
12. 基层群众信教传教情况调查
13. 各地民间族谱编修热中应该注意的问题
14. 电玩室存在的问题及建议
15. 乡镇人社平台建设问题
16. 乡镇综合配套改革后社会化服务质效调查
17. 农村土地流转问题调查
18. 建立网吧管理长效机制的建议
19. 新建居民小区物业管理需要健全和完善
20. 中小企业用工难问题调查
21. 中小企业融资难问题调查
22. 新农村建设中应完善农村环境卫生设施
23. 基层对台工作问题与建议
24. 少数民族生活补贴问题调查
25. 乡村白色污染问题调查

关于前三季度四百工程实施情况的通报

广协办发〔2012〕12 号

各专委会、乡镇政协联络处、委员活动组：

今年以来，全市政协组织紧紧围绕党委政府工作中心，把履行政协职能、开展经常性活动、发挥委员主体作用统一于“撰写督办百件提案建议、招引服务百家企业项目、支持带动百人创业就业、收集编发百条社情民意和文史资料”的“四百工程”之中，以“四百工程”为履职载体，探索政协谋事、干事、成事之道，树立了有为政协形象，取得了阶段性成效，赢得了社会的普遍认同。据统计，委员撰写提案 108 件（其中闭会期间提交 3 件），经归并整理实际形成提案 82 件，立案 43 件；各组联系服务企业项目 226 家，引进企业项目 82 家，到位资金 26.69 亿元；支持创业 139 家，带动新增就业 3844 人；报送社情民意信息 160 条，征集文史资料 62 篇。现将主要情况通报如下。

一、健全机制，提案督办落实有力度

完善了主席领衔督办、专委会联系活动组共同督办、提案委与政府督查部门联合督办、委员视察督办、积案跟踪督办、提办双方面对面沟通等一系列督办提案制度，探索推进提案办理的制度化、规范化、程序化。通过采取多种方式督办提案，加大了提案办理力度，取得了明显成效。截至目前，承办单位给委员的答复率 100%、同委员的见面率 100%，43 件提案的落实率达 93%、39 件建议的落实率达 82%，委员对提案建议办理的满意率达 95% 以上。**一是跟踪督办**。太平组发扬锲而不舍的精神，连续 5 年提出修建红旗大桥的提案，在承办单位交通局和太平乡的共同努力下，投资 200 多万元的大桥终于建成，方便了两岸居民出行。近年来，长岭组一直盯住水城大道与 316 国道交汇处安装红绿灯的建议不放，促使公安交警部门引资 30 多万元将道路交通警示信号灯全部安装到位，消除了交通安全隐患。**二是调研协办**。经济组通过调研，及时提出加强网吧监督管理的提案，得到市政府高度重视，相关部门取缔黑网吧12家，收缴设备74台，集中整治成效明显。城郊组针对辖区内滥建私房现象加强调研，通过发放1000多份调查问卷、走访500余名群众，找出症结、提出建议，促使市政府出台城市规划区内违法占地和违规建设处理办法，并组织专班进行专项清理。**三是视察促办**。郝店、太平组积极参与市政协组织的小农水视察活动，督促加大小农水改造支持力度的提案落实。广办组多次视察现场，督办点亮广水北立交桥路灯的提案，广水办事处筹资4万余元改造线路设施，沉寂21年的路灯重新点亮，周边居民拍手称快。陈巷组督办重修平 线应陈段的提案，已被相关部门立项并正在组织施工。十里火炬大道硬化的提案，在工商联组的督办下，相关部门同意先加固便道，明年立项硬化，达到预期效果。**四是联合督办**。经济组会同政府督察室联合督办治理违规占用公路、以路代市的提案，使相关部门争取到1180万元项目资金对部分乡镇绕镇公路进行了改建。社保民宗组同省民宗部门一起督办省政协提案，采取异地还建的办法，征地解决了应山基督教房产问题。

二、紧扣中心，招引服务项目有作为

充分发挥政协组织联系面广的优势，广泛发动委员招商。**一是利用区位优势招商**。发挥107、316国道、京广铁路和麻竹高速沿线交通便利、物流成本低的优势，积极招商引资。应办成功引进6个项目，到位资金2.6亿元；十里招商项目2个，引资2亿元；城郊引进5个项目，投资额度3.7亿元；广办积极拓展招商载体，协助建设南环大道和南环新区，招引项目15个，到位资金2.52亿元；武胜关引进3个项目落户开发区，到位资金6500万元；杨寨依托冶金工业园引进项目7个，总投资4.8亿元；马坪成功引进2个项目，总投资5000万元。**二是利用自然资源招商**。结合各自不同的资源禀赋招商引资。长岭发挥临近随州、丘陵岗地和水源丰富优势，主动与随州同星农业对接，该公司在长岭投资1600万元，征地84亩建起年出栏240万只的养鸡场；骆店发挥近郊优势，同经济组联合引进总投资5000万元的北鹏创新生态园，计划建成高端会议中心和生态农业示范园；吴店充分挖掘本地丰富的矿产资源，引进3个总投资达2.1亿元的矿产深加工项目，项目开发计划已报省国土厅。**三是利用本地人脉资源招商**。通过以商引商、亲情乡情友情招商等方式主动招商。工商联组积极引导企业界委员招商，引进总投资 6 亿元的应山一河两岸项目；余店鼓励在外老乡提供招商信息，引进总投资 8 亿元的绿能建筑硅谷项目已落户工业园区；关庙利用在北京发展的老乡引进 5 个项目，总投资 1.4 亿元。

各委员活动组紧扣发展主题，在大力招商的同时，以服务企业项目为己任，主动与企业项目对接，化解矛盾、帮扶解困。长岭组联系 8 家企业，坚持一月一走访，了解企业运行情况，协调化解各类矛盾 20 多起；余店组积极化解盛泰矿业与周边村民矛盾，促使其如期投产；吴店组积极参与服务二妹山风电建设工程，确保该项目顺利建设；蔡河组全力服务金悦公司，与省科研部门联系，引进红薯新品种，争取开发资金 30 万元，扩大红薯种植面积 2000 亩，建成了企业原料基地；骆店组主动帮助圣利特公司在广水设立总部，成功调处滕煌橡胶公司劳务纠纷 1 起；经济组帮助大自然公司利用机械设备办理动产抵押贷款手续，解决了企业流动资金不足问题，协调天成科技公司办理进出口外贸自营权手续；党群组在服务八一涵管厂征地扩能的基础上，帮助该企业靠大做强、引进总投资 5000 万元的华南环保科技公司，并落实 50 亩建设用地。

三、关注民生，支持创业就业有成果

全市基层政协组织通过支持创业 139 家，带动新增就业 3844 人。广办引导大学生村官瞿远安创办王鸽养殖场，帮助李金田投资 3000 万元创办金田箱包公司；余店利用清明祭祖的机会，鼓励在外人士回乡创业，已创办金山科技、双赢实业、卉丰农林等 3 家回归企业；陈巷支持孙月林投资 800 万元创办鸿祥服饰，帮助打工回乡青年史长喜贷款 20 万元创办寿峰塑胶公司，发动村干部为当地 5 家企业招收 227 名工人；杨寨支持农村妇女饶桂林投资 20 万元创办养殖场；郝店帮助轻工超市郝店分店招工 30 多名；社保民宗组把支持创业带动就业与本职工作相结合，帮助解决小微企业创业贷款，组织企业用工招聘会，支持白衣禅寺主持创办檀香厂。通过关注民生，为民谋求幸福。李店关注农村妇女、老人、儿童留守问题，争取北京“农家女”项目启动资金 15 万元，支持叶星洲创办全省首家村级留守妇女老人儿童活动中心，现已入住 19 位老人、50 多名留守妇女、10 多名留守儿童，探索了一条解决农村留守问题的成功之路；农业组帮助高祥面业在蔡河建起了千亩优质小麦基地，促使农民增收，解决了企业原料困惑；社科科技组关注民生工程，引资 2700 万元创办阳光康复医院；工商联、杨寨等组积极开展扶贫济困活动，每名委员结对帮扶 1 名贫困老人和学生，武胜关组委员筹集支援爱心助学款 6700 元。

在今年特大持续干旱面前，各组委员一直把抗旱救灾作为最重大、最紧迫的民生问题予以关注，通过调研视察，疏导群众情绪，踊跃帮扶、捐款捐物，帮助村民深挖塘堰、打井抽水，不少委员始终战斗在抗旱救灾的一线。据不完全统计，全市政协委员捐助抗旱资金总计 300 余万元，其中杨寨、武胜关组委员分别捐助 20.7 万元、5.68 万元，有力支持了我市抗旱救灾斗争，展示了人民政协的良好形象。

四、促进和谐，反映社情民意有突破

充分发挥社情民意促进社会和谐进步的作用，一些社情民意被上级党委政府采用后，直接促成了相关问题的快速解决。省政协采用了市政协文教卫体组关于将武胜关生态文化旅游试验区建设纳入省级文化战略、马坪组关于提高村级转移支付标准的信息；随州市政协采用了党群组建议早餐摊点推广使用消毒餐具、应办组建议火车站周边环境亟待整治等信息。广办、武胜关组反映群众用水难，建议改造高峰寺水库供水管网、实施应广城区供水联网，得到市政府高度重视并采纳。余店组反映当地精神病患者较多、易引发社会矛盾的现象，促使镇政府落实易肇事精神病人的诊疗关怀制度，已送 12 名患者到市精神病院就医，消除了社会不和谐的隐患。针对应广大道建设中房屋拆迁矛盾多的问题，十里组反映群众意见，协助办事处采取和谐拆迁办法，在应广大道拓宽、政务新区规划区内如期拆除房屋 70 户，保证了重大工程建设项目的顺利推进。

总之，今年以来，政协组织上下大力实施“四百工程”，政协委员通过建言献策，扩大了政协组织的影响力，获得了社会各界的较好评价，但是“四百工程”作为探索政协履职的新平台，一些问题还有待解决。**一是部分委员的思想认识有待提高**。有的委员认为政协是个松散型组织，政协工作就是“应景”，难有作为，对参与政协活动的热情不高，工作敷衍了事，导致提案督办力度不大，招引服务质效不高，支持创业招数不多；个别委员认为实施“四百工程”是“不务正业”，对于政协布置的任务消极应付，甚至“按兵不动”。**二是履职能力有待提升**。有的委员提案质量较差，社情民意反映不着边际，文史资料原创不多。政协活动中，“挂名委员”、“哑巴委员”依然存在，履职水平离“政治协商要讲清真道理、民主监督要做到真碰硬、参政议政要建言真点子”的“三真”要求相差甚远。**三是基础工作有待夯实**。社保民宗等组活动开展没有及时记录，委员履职活动掌握不全；文教卫体等组的委员活动台账、履职档案几乎还是空白；部分组虽有委员活动记载，但履职台账只是“大概”，特别是招引企业、服务项目、创业就业等方面的数据有的是“估摸”，活动效果考之无据，难以让人信服。

当前，已进入第四季度，年终市政协将严格按照年度量化考核意见，对“四百工程”结硬账。对此，各专委会、活动组要有清醒的认识，对照责任目标，查漏补缺，采取针对性措施，继续保持真抓实干的作风，深入扎实的贯彻落实“四百工程”，为广水经济社会发展作出应有的贡献。

附：前三季度四百工程实施情况统计表

市政协办公室

2012 年 10 月 12 日

前三季度四百工程实施情况统计表

项目 级别	联系企业（家）	招引项目（个）	引进资金（万元）	支持创业（家）	带动就业（人）	社情民意（条）	文史资料（篇）	提案数量（件）	督办提案（件）
党群	11	1	2000	3	80	8	3	9	2
工商联	21	2	25000	21	100	10	0	3	2
社科科技	4	3	3100	7	114	12	2	6	6
经济	11	3	7000	10	190	7	0	5	2
农业	14	0	0	2	16	6	2	3	3
文教卫体	10	0	0	2	6	3	0	8	6
社保民宗	10	3	300	11	90	2	0	5	5
应办	17	6	26000	10	500	17	2	2	2
广办	20	15	25200	9	74	6	0	12	6
十里	7	2	20000	1	37	3	0	1	1
武胜关	11	3	6500	11	360	11	1	4	2
杨寨	9	7	48000	5	345	9	4	1	1
城郊	8	5	37000	5	72	16	2	2	2
长岭	8	1	500	6	137	5	5	2	1
马坪	6	2	5000	2	80	3	16	3	0
李店	4	1	12000	3	47	4	3	1	1
太平	5	3	8500	5	158	3	4	3	2
陈巷	9	1	1500	2	227	4	2	2	2
骆店	12	4	8500	3	140	4	2	2	2
余店	5	4	9800	3	260	6	3	2	2
关庙	6	5	14000	5	140	6	6	3	3
蔡河	5	3	1500	5	131	8	3	2	2
郝店	8	4	530	6	480	5	1	0	0
吴店	5	4	5000	2	60	2	1	1	0
合计	226	82	266930	139	3844	160	62	82	55

关于成立市政协机关社会管理综合治理领导小组的通知

广协办发〔2012〕13号

各专委会、办公室各科：

为了加强对市政协机关社会管理综合治理工作的领导，积极参入“平安单位”的创建活动，打造和谐政协机关。经研究，成立市政协机关社会管理综合治理工作领导小组，现将其组成人员通知如下：

组　长：汪维浩　市政协秘书长

副组长：张克林　市政协副秘书长

张家金　市政协副秘书长兼学习与文史委员会主任

成　员：张孝贵　市政协科教文卫委员会主任

秦传本　市政协　团结联谊委员会副主任

韩四强　市政协　经济委员会副主任

李　娅　市政协提案委员会副主任

张克勇　市政协委员工作委员会副主任

陈子君　市政协秘书科副科级干部

市政协机关社会管理综合治理领导小组下设办公室。陈子君同志兼任办公室主任和综合治理联络员。

市政协办公室

2012年5月10日

关于印发广水市政协领导班子工作制度的通知

广协办发〔2012〕14 号

各专委会、办公室各科：

《广水市政协领导班子工作制度》已经政协七届七次主席会议研究通过，现汇编成册，望监督执行。此前相关文件从印发之日起废止。

市政协办公室
2012 年 9 月 30 日

广水市政协主席会议成员岗位职责

市政协主席会议成员包括现任市政协主席、副主席、秘书长。根据章程规定，主席会议处理常委会日常重要工作，主席主持常委会工作，副主席、秘书长协助主席工作。其各自岗位职责分别是：

一、市政协主席岗位职责

（一）主持市政协全面工作，并对市委负责。

（二）带头学习马克思主义和中国特色社会主义理论，认真贯彻中央关于政协统战工作的路线、方针和政策，坚持团结和民主两大主题，用党的统一战线理论和科学发展观指导全市政协工作。

（三）主持研究制定市政协年度工作计划，并负责抓好贯彻落实。

（四）主持召开市政协党组会议。

（五）主持召开主席会议。

（六）主持召开政协广水市委员会全体会议。

（七）抓好政协领导班子建设，关心机关干部职工的思想、生活和成长进步，努力提高政协干部队伍的整体素质。

（八）指导和参与专委会、联络处、活动组组织的视察、调查、考察和研讨活动，对委员提出的重要提案、建议、意见和批评，负责联系和督促有关部门加以落实。

（九）通过走访、座谈、约谈等形式加强与常委、委员及在广的省、随州市政协委员的联系。

二、市政协副主席岗位职责

（一）按照分工认真抓好所分管专委会的工作，指导专委会履行好各自的职能。

（二）认真学习马克思主义、中国特色社会主义理论和中央关于政协统战工作的路线、方针和政策，结合市政协工作实际，在研究制定市政协工作计划中，积极提出自己的意见和建议。

（三）组织指导好所联系的联络处、活动组的视察、调查、考察和研讨活动，联系和督促党政对口部门抓好对委员提出的重要提案、建议、意见和批评的落实。

（四）加强与社会各界代表人士的联系，加强涉外联谊工作，广泛征求对政协工作的意见，及时反映社情民意，努力做好理顺关系、化解矛盾和民族团结工作。

（五）通过走访、座谈、约谈等形式加强与包片、包界别政协委员的联系，切实帮助协调解决委员和基层政协组织遇到的困难和问题。

（六）协助主席抓好政协机关干部职工的政治学习和业务培训，做好干部职工的政治思想工作，努力提高政协干部队伍的政治业务素质。

（七）努力完成好市委分配的“一驻三挂”及其他中心工作任务。

三、市政协秘书长岗位职责

（一）负责政协全体委员会议、常务委员会议、主席会议的筹备工作。向主席或主席会议提出召开有关会议的日程、议程的建议，安排各项会务工作。

（二）协助主席、副主席组织落实常务委员会议、主席会议的决定和决议。

（三）审定提交主席会议和政协网站的各种文件，起草和审核办公室重要文稿，负责政协机关文电处理及以市政协办公室名义发出的重要文件。

（四）负责同市委办、市人大办、市政府办及有关部门的联系和信息沟通，加强各人民团体和基层政协组织的联系与协作。

（五）组织或参与调查研究，了解掌握政协的工作情况，为政协履行职能发挥参谋助手作用。

（六）协调各专门委员会工作，领导办公室工作，负责政协机关思想、组织、制度和作风建设。

（七）传达、学习有关文件，研究办理主席、副主席交办的工作事项，协调和处理机关各部门的工作关系，讨论和决定机关日常工作。

广水市政协党组党建工作责任制度

第一章 总 则

第一条 为进一步明确市政协党组抓党建工作的责任，加强和改进党建工作，巩固党的执政基础，提高党的执政能力，根据中共中央《关于建立健全地方党委、部门党组（党委）抓基层党建工作责任制的意见》等有关规定，制定本制度。

第二条 本制度适用于市政协党组及其成员。

第二章 总体要求

第三条 按照“围绕发展抓党建，抓好党建促发展”的要求，坚持党建工作为中心服务，为促进全市改革发展稳定，推动全市经济社会发展服务。

第四条 始终把党建工作摆在突出位置，纳入党组重要议事日程，明确责任，强化措施，狠抓落实。

第五条 坚持分类指导，整体推进，从实际出发，找准党建工作着力点，有针对性地采取措施，全面推进思想、组织、作风、制度和反腐倡廉建设。

第六条 坚持以改革的精神研究新情况、解决新问题、总结新经验，创新工作机制、拓展工作领域、改进工作方法，使党组和党组成员始终充满生机与活力。

第三章　主要责任

第七条　贯彻执行中央和上级党组织关于党建工作的决议、决定和指示。

第八条　研究制定市政协党建工作长期规划、年度计划、工作制度和措施，并组织实施，定期研究分析党建工作出现的新情况、新问题，及时提出加强党建工作的意见和措施，不断提高党建工作的整体水平。

第九条　加强机关党支部、老干党支部领导班子建设，指导其建立党建工作目标管理制度，健全与之相配套的各项工作制度和组织生活制度，有效开展各项党建工作。加强党员队伍建设，指导机关党支部做好发展党员工作，加强对党员的教育、管理和服务，引导党员自觉履行义务，保障党员充分行使权利，认真做好处置不合格党员工作。

第四章　工作目标

第十条　把党建工作与服务市委、政府中心工作以及推进政协工作紧密结合，使党的路线方针政策在市政协得到贯彻执行，科学发展观的要求在市政协得到全面落实，市政协的重大工作安排得到有效实施，促进我市政协工作全面发展。

第十一条　市政协党组的领导核心作用得到发挥。机关支部、老干支部的各项制度配套落实、管理规范有序，党员教育管理到位，战斗堡垒作用得到充分体现。

第十二条　通过教育培养、监督管理，使广大党员自觉运用马克思主义中国化的最新成果武装头脑，理想信念坚定，宗旨观念牢固，富有积极性和创造性，在生产、工作、学习和社会生活中充分发挥先锋模范作用。

第五章　落实措施

第十三条　市政协党组每年至少召开 1 次专题会议，听取党建工作情况汇报，研究解决重要问题，督促完成党建工作各项任务。

第十四条　重视从人力、物力、财力等方面为机关支部、老干支部开展工作提供条件和保障，确保党组织开展活动有阵地，工作运转有经费，提升素质有平台。

第十五条 根据党组织和党员队伍建设的目标要求，建立完善各项制度，使创先争优活动经常化、长效化。

第十六条 充分利用各种宣传阵地，深入宣传党的光辉历史和政协党建工作的好经验好做法，形成积极向上、奋发有为的浓厚氛围。

第六章 其 他

第十七条 本制度自颁布之日起实行。

广水市政协主席会议议事规则

（2011 年 5 月 23 日市政协 6 届 33 次主席会议通过）

为进一步推进政协广水市委员会主席会议（以下简称主席会议）的规范化、制度化、程序化建设，根据《中国人民政治协商会议章程》，参照《中国人民政治协商会议湖北省委员会主席会议工作规则》和《中国人民政治协商会议随州市委员会主席会议工作规则》，结合我市政协工作实际，制定本规则。

第一条 主席会议以《中国人民政治协商会议章程》为依据，以邓小平理论和“三个代表”重要思想为指导，全面贯彻落实科学发展观和构建和谐社会等重大战略思想，坚持中国共产党领导的多党合作和政治协商制度，高举爱国主义、社会主义的旗帜，围绕团结和民主两大主题，认真履行政治协商、民主监督、参政议政职能，为促进我市经济建设、政治建设、文化建设和社会建设的协调发展而努力奋斗。

第二条 主席会议由主席、副主席、秘书长组成，负责处理常务委员会的重要日常工作。主席主持主席会议的工作，副主席、秘书长协助主席工作。

第三条 主席会议组成人员要认真执行中国人民政治协商会议章程和政协广水市委员会、常务委员会、主席会议的规定、决议，切实履行职责，加强同各方面人士的联系，广交朋友，及时反映人民群众的意见和愿望，积极参加政协广水市委员会、常务委员会、主席会议举行的会议和活动。

第四条 主席会议的主要任务：

一、学习邓小平理论和“三个代表”重要思想，学习以胡锦涛同志为总书记的党中央提出的科学发展观、构建社会主义和谐社会等一系列重大战略思想，学习统一战线和人民政协的理论和政策，学习经济、科技、法律和现代管理等知识；研究部署常务委员会及其工作机构的学习。

二、审议本届政协广水市委员会参加单位、委员名额和人选的变更，提请常务委员会协商决定。审议下届政协广水市委员会的参加单位、界别设置、委员名额和人选，提请常务委员会协商决定。

三、根据政协章程和有关规定，安排协商活动，决定协商的形式和内容，着重协商讨论中共广水市委、市人民政府即将出台的重大决策和我市经济社会发展中的重大问题，提出建议和意见。

四、审议以政协广水市委员会或常务委员会名义向中共广水市委、市人大常委会、市人民政府和政协湖北省、随州市委员会提出的重要建议案。

五、召集并主持常务委员会会议（以下简称常委会议），决定常委会议的会期，拟定常委会议的议程、日程草案，审议提交常委会议通过的文件；审议通过常委会议分组办法和小组召集人名单。

六、审议政协广水市委员会及常务委员会的工作计划、工作报告和重要活动方案；审议重要工作、重点提案和重要的视察、调研、出访报告；审议通过专门委员会的年度计划和工作总结；听取重要提案、建议案办理情况的汇报。

七、审议提交常委会议通过的人事任免事项；决定专门委员会委员、特邀委员人选；决定市政协各委员活动小组负责人。

八、研究全市政协工作，指导各乡镇办事处政协联络处、各委员活动组的工作；协调政协各参加单位之间的关系，增进了解与团结。

九、执行常委会议的决议；根据常务委员会的授权，履行常务委员会的部分职权；受常务委员会的委托，主持下一届第一次全体会议的预备会议。

十、处理常务委员会的其他重要日常工作。

第五条 主席会议由主席或主席委托的副主席召集并主持。

第六条 主席会议议题由主席提出，也可由副主席、秘书长提出，由主席或主席委托主持会议的副主席确定。

第七条 主席会议一般每月举行一次，必要时可临时召开。

第八条 主席会议须有全体组成人员过半数出席方能举行。主席会议决定问题时，一般以分项审议方式通过，必要时也可以合并审议通过。

第九条 主席会议协商讨论决定问题时，要充分发扬民主，坚持少数服从多数的原则。对意见一时难以统一的重要问题，应暂缓作出决定，待深入调查研究，认真交换意见，统一认识后再作决定。

第十条 对提请主席会议审议通过的文件，提请人应以口头或书面方式在主席会议上作出说明。

第十一条 主席会议举行前，办公室应将会议通知、会议主要议题和提交会议审议的重要文件，提前送达会议组成人员(临时召开的临时通知)。会议举行时，要由专人记录。会议结束后，视情况及时编发会议纪要。会议纪要由主席或主席委托的副主席、秘书长签发。

第十二条 主席会议审议通过的事项，需继续提请常委会议审议通过的，应在常委会议表决通过前，由主席会议确定的人员向常委会议作说明。主席会议审议通过即发生效力的文件，由主席或主席委托的副主席、秘书长签发，以政协广水市委员会文件或政协广水市委员会办公室文件的形式送达有关方面或部门。

第十三条 主席会议作出的意见、决定，由主席、副主席、秘书长分工负责实施，市政协办公室、各专委会要坚决执行。在实施中，应加强督促检查和信息反馈。根据实施情况，需对某项决定进行调整或变更的，应提交下一次主席会议讨论通过。

第十四条 本会专职副秘书长、办公室正副主任 、专门委员会主任以及与议题有关的人员可列席主席会议；协商讨论重大问题时，可邀请市党政领导和有关部门负责人到会介绍情况、听取意见。列席人员可发言，但不参与表决。

第十五条 本规则自政协广水市委员会主席会议通过之日起实施。

广水市政协党组民主生活会制度

第一章　总　则

第一条　为推进市政协党组民主生活会（以下简称民主生活会）制度化、规范化、程序化，确保会议质量，根据《中国共产党章程》、《中国共产党党内监督条例（试行）》和其他有关规定，制定本制度。

第二条　民主生活会应坚持自我教育为主的原则，遵循“团结—批评—团结”的方针，充分发扬民主，开展积极的思想斗争，增强政治性、原则性和针对性，达到统一思想、增进团结、互相监督、促进工作、共同提高的目的。

第二章　会议时间及参加人员

第三条　民主生活会原则上每年召开一次，具体时间根据市纪委、市委组织部的安排确定。根据工作需要，可增开专题民主生活会。

第四条　市政协党组成员出席民主生活会。根据会议主题，还可邀请副秘书长、专委会负责人列席会议。

第三章　会前准备

第五条　确定会议主题。按照市纪委、市委组织部的要求，结合自身实际，由党组书记、副书记确定民主生活会主题。

第六条　制定工作方案。由办公室提出《中共广水市政协党组民主生活会工作方案》，主要内容为民主生活会时间、主题、召开方式和各阶段工作安排。方案由党组书记审定后，在召开民主生活会 15 日前报送市委，同时分送至党组成员。

第七条　召开民主生活会 10 日前，党组要在一定范围内通报会议的时间和主题，并采取召开座谈会、个别谈话、发放调查问卷、设立征求意见箱等形式，广泛征求机关党支部、老干党支部和干部群众对党组及其成员的意见和建议。对征求到的意见和建议，要明确专人进行梳理，形成书面材料。涉及领导班子的意见和建议，采取召开会议或书面送达等方式向全体成员通报；涉及班子成员的意见和建议，由党组书记如实反馈给本人。

第八条 会前，党组书记、副书记同党组成员谈心，党组成员之间也要相互谈心。谈心以互相指出问题和不足为主。通过谈心交心，增进了解，互相帮助，化解矛盾，加强团结。党组成员还要与其分管的办公室、专委会负责人谈心，主动征求意见。

第九条 党组成员根据民主生活会的主题、征求到的意见和建议、上级党组织指出的问题，结合个人思想工作实际，认真撰写发言提纲，着重检查在党性党风方面和工作中存在的问题以及廉洁自律情况。本人认为不适合写入发言提纲的问题，可以另写专题材料，交党组书记或上级党组织。

第四章 开展批评与自我批评

第十条 开展批评与自我批评，要围绕民主生活会主题，联系思想和工作实际进行。着重对照检查贯彻执行党的路线、方针、政策的情况，履行工作职责的情况，坚持民主集中制的情况，勤政廉政建设的情况，上年度民主生活会整改措施的落实情况以及其他方面的重要情况。

第十一条 开展批评与自我批评，一般应按照先班子、后成员，先主要负责同志、后班子其他成员的顺序，逐个进行。党组书记代表班子进行对照检查。涉及对成员个人的意见和建议，有关个人应在会上作出说明。

第十二条 党组成员对领导班子、自己和班子其他成员开展批评与自我批评，要努力做到内容实在、剖析深刻，防止只谈工作不谈思想、只讲成绩不讲问题、只讲集体不讲个人、只谈自己不谈别人的现象，避免把民主生活会开成汇报工作或研究部署工作的会议。

第十三条 参加民主生活会的党组成员必须超过应到会的三分之二才能开会。因特殊情况不能参加民主生活会的同志，会前须向党组书记请假并说明原因。不能参加民主生活会的要提交书面发言材料，由党组书记指定有关同志在会上代为宣读。会后，党组书记要及时向其本人转达会议情况和班子其他成员的批评意见。

第十四条 列席民主生活会的同志可在会上发言，对市政协党组及其成员提出批评或建议。

第五章 制定和落实整改措施

第十五条 对党组征求到的意见和建议以及在民主生活会上检查出来的主要问题，由办公室提出分解办理建议，经党组研究决定后执行。能立即解决的，要立即解决；一时难以解决的，要创造条件限期解决；需要上级帮助解决的，要及时提出建议并向上级报告。加强落实整改措施的督促检查，确保落实到位，收到实效。

第十六条 每次民主生活会都要总结检查上次民主生活会后整改措施的落实情况。对应该解决、能够解决但又没有得到解决的问题，要实行责任追究，并责令限期整改到位。

第十七条 民主生活会后，要采取适当方式在一定范围内通报民主生活会的情况，接受有关方面和干部群众的监督。通报的主要内容为：民主生活会的基本情况，查找出的主要问题及整改措施，上次民主生活会整改措施的落实情况。

第十八条 民主生活会后15日内，将民主生活会情况报告、会议原始记录及复印件报市纪委和市委组织部。

广水市政协主席会议成员中心组学习制度

一、集中学习制度

市政协理论学习中心组每年参加市委中心组或自办集中学习活动不少于8次。具体学习内容、时间根据市委安排或由中心组学习秘书根据组长的意见负责组织实施。集中学习要求全勤出席，如有特殊情况，必须事先向组长请假，缺课的内容要在一周内自学并补抄学习笔记。

二、个人自学制度

要根据市委和政协理论学习中心组集中学习实施方案，制定个人的全年学习计划，并根据中心组安排的学习专题认真阅读有关文件和书目，做好学习笔记，撰写体会文章。每位成员每年读书笔记要在1万字以上，并至少撰写1篇理论联系实际、对分管或全局工作具有指导意义的研讨文章。

三、调研授课制度

要结合分管工作，每年利用一定时间深入基层调研，总结经验，探索规律，指导工作，解决问题。同时，要深入基层开展专题理论辅导，每年到联络处、活动组开展辅导讲课不少于1次，并在市委或政协中心组集中学习上做中心发言1次以上。

四、学习总结制度

每年年底，应对自己全年的学习情况，特别是联系实际、取得成效方面，进行全面回顾，并形成书面总结，书面总结交市委宣传部存档。

五、学习档案制度

建立中心组学习档案和成员个人学习档案；中心组档案资料包括年度学习计划、集中学习考勤、学习讨论记录、学习情况通报等；个人档案资料主要包括学习笔记、公开发表的文章和个人学习总结。当年学习资料由各成员收集保存，年终交市委宣传部集中整理归档，统一管理。

广水市政协党组党风廉政建设责任制度

为加强党风廉政建设，明确市政协党组成员在党风廉政建设中的责任，根据《中国共产党章程》和《关于党风廉政建设责任制的规定》，制定本制度。

一、责任分工

市政协党组对市政协领导班子和机关党员干部职工的党风廉政建设负全面领导责任。市政协党组党风廉政建设责任制坚持集体领导与个人分工负责相结合。

（一）党组书记对政协领导班子和政协机关的党风廉政建设负第一责任，对党组及其成员的党风廉政建设负直接领导责任。

（二）党组成员根据分工，对职责范围内的党风廉政建设负主要领导责任。对分管办公室、专委会负责人的党风廉政建设负直接领导责任。

二、责任要求

（一）认真贯彻落实上级关于党风廉政建设的部署和要求，分析研究党风廉政建设状况，结合实际制定党风廉政建设工作计划，并按计划推动工作落实。

（二）开展党性党风党纪和廉洁从政教育，组织党风廉政建设理论和法规建设的学习，加强廉政文化建设。

（三）贯彻落实党风廉政法规制度，推进制度创新，从源头上预防和治理腐败。

（四）强化权力制约和监督，建立健全决策权、执行权、监督权既相互制约又相互协调的权力结构和运行机制，推进权力运行程序化和公开透明化。

（五）监督检查职权范围内的党风廉政建设情况和办公室、专委会领导班子、领导干部廉洁从政情况。

（六）加强作风建设，纠正损害群众利益的不正之风，切实解决党风廉政建设方面存在的突出问题。

三、考核监督

（一）建立党风廉政建设责任制的检查考核制度，党组每年应对办公室、专委会领导班子、领导干部党风廉政建设责任制执行情况进行一次检查考核。

（二）党风廉政建设责任制检查考核结果由党组在适当范围内通报，作为对领导班子总体评价和领导干部业绩评定、奖励惩处、选拔任用的重要依据。

（三）党组贯彻落实党风廉政建设责任制的情况，每年应专题向市委和市纪委报告。

（四）领导干部执行党风廉政建设责任制的情况，应列为民主生活会和述职述廉的重要内容。

四、责任追究

违反或者未能正确履行职责，有下列情形之一的，按照《关于实行党风廉政建设责任制的规定》进行责任追究。

（一）对党风廉政建设工作领导不力，以致职责范围内明令禁止的不正之风得不到有效治理，造成不良影响的。

（二）对上级交办的党风廉政建设责任范围内的事项不传达贯彻、不安排部署、不督促落实，或者拒不办理的。

（三）对本单位发现的严重违纪违法行为隐瞒不报、压案不查的。

（四）疏于监督管理，致使领导班子成员或者直接管辖的下属发生严重违纪违法问题的。

（五）放任、包庇、纵容下属人员违反财政、金融、税务、审计、统计等法律法规，弄虚作假的。

（六）有其他违反党风廉政建设责任制行为的。

广水市政协党组个人重大事项报告制度

第一条 报告个人重大事项的市政协领导班子干部包括：主席、副主席、秘书长。

第二条 应当报告事项：

（一）本人接受、上交直接管理或服务对象、主管范围内下属单位和个人、外商和私营企业主以及其他与行使职权有关系的单位和个人赠与的现金、有价证券和支付凭证情况；

（二）本人持有因公、因私出国（境）证件的情况；

（三）本人因公、因私出国（境）的情况；

（四）本人婚姻变化情况；

（五）本人及配偶、共同生活的子女（指同财共居的子女，下同）购买、营建住房的情况；

（六）本人及配偶、本人和配偶的父母、子女婚丧喜庆事宜的情况；

（七）配偶、子女出国（境）定居及有关情况；

（八）配偶、共同生活的子女私人在国（境）外经商办企业的情况；

（九）配偶、子女被司法机关追究刑事责任的情况；

（十）本人认为应当向组织报告的其他事项。

第三条 市政协领导班子成员发生本制度第二条所列事项的，应当在事后 30 日内填写《党员领导干部个人重大事项报告表》，一事一报。因特殊情况不能按时报告的，应在特殊原因消除后 7 个工作日内补报，并说明原因。

第四条 市政协领导班子成员应当于每年 12 月 30 日前填写《党员领导干部个人重大事项报告表》，集中报告一次上年度本制度第二条所列事项，所列事项没有发生或者没有变动的，应当予以明示；属于漏报的应当予以补报。

第五条 市政协领导班子成员报告个人重大事项报告材料由办公室转交到市纪委党风室和市委组织部干部监督科，办公室认真做好记载。

第六条 对个人报告的内容应当保密。党组认为应予公开或本人要求公开的内容，可采取适当方式在一定范围内予以公开。必要时，市政协领导班子成员应当在参加民主生活会、进行述职述廉时，对发生的个人重大事项情况进行说明。

第七条 市政协领导班子成员无正当理由不按时报告、不如实报告、隐瞒不报或不按组织答复意见办理的，由党组以书面形式向市委如实报告，由市委调查处理。

广水市政协主席会议成员年度业绩公示制度

为全面、客观、准确评价市政协主席会议成员的工作业绩及履职尽责情况，促进市政协主席会议成员自我激励与约束，制定本制度。

一、年度业绩公示的对象为现任市政协主席会议成员，即：主席、副主席、秘书长。

二、年度业绩公示一般在本年底或翌年初进行，公示期为三天。

三、年度业绩公示的主要内容包括：服务市委、政府中心，完成“一驻三挂”及其他中心工作的主要表现；根据自身岗位职责及分工安排，完成政协常委会年初制定的主要工作目标的情况；指导联系专委会、联络处、活动组政协工作开展的主要情况；以事例形式总结提炼出自己认为最不满意的工作，并反思自己工作中有待改进的地方。

四、年度业绩公示主要包括以下程序：个人如实报绩，由主席会议成员根据自身实际，自主提炼年度业绩，填写《市政协主席会议成员年度业绩公示表》（依据业绩公示内容制作）；集中公开亮绩，将《市政协主席会议成员年度业绩公示表》在政协机关同步公示。

五、年度工作业绩满意度专项考核按“满意”、“较满意”、“基本满意”、“不满意”作出总体评价，并以业绩公示的若干方面内容为评价要素，对每一评价要素按“满意”、“较满意”、“基本满意”、“不满意”分别作出评价，同时对每名市政协主席会议成员的工作和个人提出意见和建议。

关于征集市政协七届二次会议提案的通知

广协办发〔2012〕15 号

市政协委员，参加市政协的各人民团体，各专门委员会：

提案是政协委员参政议政的一条重要渠道，是履职尽责的一个重要方式，是坚持和完善中国共产党领导的多党合作和政治协商制度的一种重要载体。为做好本次会议提案征集工作，充分发挥提案在我市经济、政治、文化和社会生活中的作用，希望提案者依据《提案工作条例》中提出的要求，紧密结合我市实际，深入调研、理性思考，积极运用提案形式，为全面贯彻科学发展观，构建和谐社会建言献策。现将有关事项通知如下：

1. 提案应从全局性、战略性和前瞻性的高度，围绕市委中心工作、经济社会发展、人民群众普遍关心的民生问题等方面提出。

2. 提案者应牢固树立提案质量意识。各委员活动组要组织委员学习提案知识，帮助选好题，做好调查研究，使调研成果转换成提案，把好提案质量关。

3. 提案内容应突出重点、简明扼要、一事一案。提交提案必须符合提案格式要求，即按照提案表的形式用钢笔或毛笔书写，字迹须端正清晰，也可以打印成文附在提案表内。有条件的可提供电子文本。

4. 市政协委员可以个人名义或者联名方式提出提案，委员联名提出的提案，发起人作为第一提案人签名列于首位；以人民团体、政协专门委员会名义提出的提案，须由该组织署名并加盖公章。

5. 请正确填写提案首页，写明提案人、集体提案主提人、委员联名提案发起人详细通讯地址、联系电话。

6. 提案可在全体会议期间提出，也可在闭会后提出。

7. 提案征集的网上地址：gsmeihui@sina.com

8. 提案征集在全会期间设截止日期（会议期间另行通知）。

市政协办公室

2012 年 11 月 19 日

关于2012年度政协工作考核结果的通报

广协办发〔2012〕16号

各专委会、乡镇政协联络处、委员活动组：

根据《广水市政协实行年度量化考核的意见》（广协发〔2012〕6号）文件要求，市政协成立考核专班，分别对各基层政协组织和全体委员一年来的履职情况进行了全面考核。

考核本着客观、公平、公正原则，全面系统检验了基层政协组织和全体委员年度履职成效。各基层政协组织和全体委员要以本次考核工作为动力，正视考核成绩，总结经验，查找不足，在今后的工作中认真履行职责，为推进广水政协事业更好发展献智出力。

附表一：市政协组织考核情况

附表二：市政协常委及委员考核情况

市政协办公室

2012年12月4日

附表一

市政协组织考核情况

单位		成绩	单位		成绩	单位		成绩
政协机关一办六委	办公室	97.35	政协联络处	杨寨	99	市直活动组	郝店	91.5
	提案委	96.90		城郊	95		吴店	92.1
	科教文卫委	96.66		长岭	94		党群	96
	学习与文史委	96.57		马坪	98		工商联	90
	经济委	96.66		李店	97.5		社科科技	95
	团联委	96.30		太平	90.5		经济	99
	委员委	97.11		陈巷	96		农业	95
政协联络处	应办	95		骆店	98		文教卫体	88
	广办	97.5		余店	98		社保民宗	90
	十里	92		关庙	90			
	武胜关	96		蔡河	97			

附表二

市政协常委及委员考核情况

姓名		成绩	姓名		成绩	姓名		成绩
政协常委	丁继玲	88.11	政协常委	严茂松	91.41	政协常委	何　琴	87.50
	左继东	90		杨　华	81.88		余　华	76.21
	刘　焕	77.93		李　芸	80.82		张大红	92.54
	刘　鹏	85.29		李　琳	89.35		张慧玲	76.90
	刘诗良	91.37		李全国	91.03		陈　锋	92.80
	孙阳春	81.30		李新平	85.18		易心元	77.18

姓名		成绩	姓名		成绩	姓名		成绩
政协常委	郑传明	76	党群	李媛媛	80	工商联	闵　欢	80
	金　希	82.50		牛　雨	93		冯先春	70
	夏华清	93		黄旭玲	80		李　波	85
	黄　锋	88.22		张国树	80		吴罗生	70
	梁瑞明	93.19		张国强	70		杨　林	70
	曹意春	91		熊　玲	80		李勇刚	80
	程　军	93.71		李晓玲	79		徐光权	85
	程亮元	91.80		秦　玲	80		段其寿	70
	韩楚强	90		李　敏	80	社科科技	刘心田	90
	蔡　洁	87.70		熊红莲	70		陈　均	70
	熊庆全	89.67	工商联	闵大洪	70		吴庭煦	80
	熊复名	95		徐世和	15		李大亮	71
	熊海东	95.60		杨维忠	70		张　斌	80
党群	石祖斌	92		吴宜秀	70		廖建林	88
	夏　刚	80		刘泽卫	80		朱　琼	70
	刘　坚	70		黄国安	70		程癸菱	86
	李　卫	70		孙元发	80		陈　敏	70
	张大高	80		吴静波	80		张忠海	80
	易晓辉	79		吴晓霞	92		刘　咏	70
	何　成	80		王明礼	80		严翠萍	65
社科科技	闵文杰	80	农业	余亮生	75	文教卫体	蔡慧莲	80
	彭秀珍	60		余阳萍	80		熊朝辉	73
	李　凌	70		陈文杰	77		杨　超	80
	蒋国金	未参与考核		伍卫中	80		熊　雄	90

姓名		成绩	姓名		成绩	姓名		成绩
经济	刘全文	75	农业	孙俊华	73		姚绣丽	未参与考核
	龙　广	70		唐建军	75		徐兆意	80
	张保华	75		苏国平	70	社保民宗	程全国	75
	郑爱书	85		熊文浩	85		韩家彬	75
	张四林	94		余巧珍	68		余波林	91
	刘章贵	75		刘菊梅	83		汤永红	70
	王文俊	80	文教卫体	曹伯平	83		叶国安	80
	张志才	70		付志安	95.5		熊敬桥	75
	王阿娜	75		吴瑶成	80		周　宝	75
	向惟勇	70		闵奉林	85		叶由军	70
	李　辉	70		徐德锋	80		袁春丽	75
	刘德群	80		刘先钊	85		方义林	70
	叶　珍	75		徐书玲	75		释界文	80
	刘平禄	60		华运鹏	85		王向庭	70
	沈宝栋	70		刘亚妮	85		李新国	75
	余昌金	90		高群香	80		陈亚民	90
应办	王　虎	85	广办	何　丽	90	武胜关	张臣心	93
	李远辉	85		赵淑英	71		余　川	80
	柯慧云	85		刘汉东	76		黄亚萍	80
	庄人鸿	91		胡　洋	71		付　胜	80
	代立红	75		柯光惠	76		张一君	80

姓名		成绩	姓名		成绩	姓名		成绩
应办	蔡立桂	85	广办	彭立坤	90	武胜关	胡远宝	70
	刘容岑	85		卢永强	66		付国成	80
	王　伟	85		周小火	71		马国文	80
	闵向东	85		朱光顺	66		陈　三	90
	熊忠华	80		付光东	90		秦晓玲	90
	易良德	85		吴建明	76			
	裴东兵	85		陈朝晖	85	杨寨	朱凤菊	90
	王　琴	75		彭　良	66		陈　珍	85
广办	刘小平	91		胡秀红	76		杨文东	80
	沈云英	92.5		张孝生	76		吴军林	80
	梅其永	71	十里	魏以钊	85		彭会会	91
	邱先晋	66		魏发超	72		卢汉良	80
	李定安	76		刘绍平	85		邓海鸿	80
	孟国明	71		黄　宪	71		戈建成	90
	吴国权	76		连九玲	82			
城郊	黄启锋	83		蔡诗改	77	骆店	冯章辉	93
	刘家翠	88	李店	李竹青	93		郑家清	85
	李国慎	80		卢爱明	90		李祖亮	85
	程艳国	80		左孝鸿	83		左世贵	80
	张海涛	85		潘建英	83		徐以国	95
	刘明清	86		卢宏权	84	余店	严春才	92
	张　勇	90		龙春华	86		杜鸿雁	90

姓名		成绩	姓名		成绩	姓名		成绩
长岭	彭 桥	90	李店	李山青	85	余店	余育菊	90
	何 辉	81					李 琳	80
	杨松青	81	太平	李亚峰	90		王寿行	80
	宋艳萍	75		王子寒	80		程开宇	80
	胡明翠	85		万俊媛	80			
	李响声	86		梅思清	88	关庙	朱大银	91
	沈顺钧	84	陈巷	付大国	91		吕忠仙	90
	陈西强	70		杨俊林	75		孙成斌	85
马坪	周春梅	91		陈家保	85		张 玲	85
	李 介	92.5		王冬梅	80		刘明勇	85
	李胜勇	90		章国强	80		杨从武	85
	王 红	80		陈 斌	80	蔡河	梅思军	93
	张其务	70		王伯安	80		杜向阳	80
	聂文元	80		陈 娇	85		汪心平	85
	杨爱平	90	郝店	匡光全	91	吴店	杨纯权	93
蔡河	郝小华	83		王 勇	88		汪小溪	90
	曾 毛	90		黄 俊	90		刘 鹏	77
	孟 久	83		代国友	88		胡艳菊	86
	蔡诗国	92		冷利堂	70		蔡诗宏	85
	应传明	85		邓亮艳	84		杨保菊	82

“三万”活动实施方案

广协办发〔2012〕18号

为响应市委号召，扎实搞好驻点村“三万”活动，经秘书长会议研究，制定本实施方案：

一、指导思想

认真贯彻落实党的十八大精神，按照省市开展“万名干部进万村洁万家”活动统一部署，贯彻“以人为本、执政为民”的理念，开展以为民务实清廉为主要内容的党的群众路线教育，着力改善民生、改善村容村貌，加快我市农业和新农村建设，为全面建成小康社会打下坚实基础。

二、主要任务

此次活动以完善村庄环境设施、整治农村环境卫生、改善村容村貌、建立农村环境卫生管护长效机制、促进乡风文明、生态文明为主要内容。重点抓好四项工作：

（一）宣传政策。在驻点村重点宣传党的十八大和省第十次党代会精神，宣传党的强农惠农政策；宣传农村筹资筹劳和“以奖代补”政策；宣传开展农村环境整治、改善农村民生、建设生态文明的需要性和紧迫性。

（二）走访农户。按照全市“生产自救、灾后帮扶”行动的要求，开展对受灾群众送温暖活动，帮助群众解决生产、生活中的实际困难。

（三）开展村庄环境整治。发动驻点村群众进一步完善村级新农村规划，大力开展村庄环境整治，重点是垃圾清运、环境整治、道路维修和村庄绿化等。具体内容包括：“两清、两建、两化、两创”。“两清”，即清理垃圾、清洁水污；“两建”，即建垃圾池、建村庄道路；“两化”，即美化、绿化；“两创”即创建文明乡村、创建文明户。

（四）建立机制。在开展村庄环境整治的基础上，结合“十星级文明户”创建活动，引导驻点村农民建立健全和不断创新农村环境卫生长效保洁机制。

三、步骤和措施

此次活动从 2012 年 12 月 5 日开始至 2013 年 3 月 5 日结束，分三个阶段开展。

（一）宣传发动，筹措资金。（2012 年 12 月 5 日至 12 月 20 日）

1. 工作组到村组，采取召开村民大会、党员干部座谈会等方式，广泛进行政策宣传，农民群众思想发动，筹资筹劳开展环境整治。

2. 进村入户走访慰问。以摸清受灾缺粮户为主，帮助解决生产、生活中的实际困难。

3. 深入开展调查研究，制定村庄环境整治规划，制定详细的整治方案。

（二）组织群众，开展整治。（2012 年 12 月 21 日至 2 月 21 日）

1. 依据市、陈巷镇“新三万”活动方案，结合二村一社区的实际，充分发动群众通过“一事一议”开展投工投劳，有组织有计划地实施项目整治。

2. 引导农民群众开展“十星级文明户”评选活动，建立长效管护机制。

（三）迎接检查，上报验收（2013 年 2 月 22 日至 3 月 5 日）

1. 组织村干部和村民代表，对驻点村和自然湾的“新三万”活动按照市“三万”办的统一标准进行评估检查，发现问题及时解决。

2. 活动结束时，将“新三万”活动完成情况进行总结，报市“三万”办进行验收。

四、组织领导

市政协办公室成立驻点村“新三万”活动领导小组，副秘书长张克林同志任组长，老干科科长马俊同志任成员，从即日起，以驻点村“三万”活动为主，强化驻村责任，全面落实驻点的二村一社区“三万”工作任务。

五、纪律要求

（一）**工作纪律**。工作组要密切联系群众，严守工作纪律，注意言行举止、体察民情、珍惜民力、轻车简从、不得扰民。切实做到“六不准”：不准向基层提任何不合理要求；不准接受基层的请吃和报销开支；不准收受基层馈赠的钱物（土特产）；不准抹牌赌博和参与公款娱乐消费；不准做违背群众意愿、侵害群众利益的事；不准层层陪同迎送。

（二）**工作要求**。工作组在基层工作期间与原单位工作脱钩，一律吃住在基层，相关费用按2012年“三万”活动的规定与标准执行。

市政协办公室

2012年12月5日

关于印发《政协广水市第七届委员会委员活动组组成人员名单》及《委员活动组长、政协委员工作职责》的通知

广协发 [2012]1号

各专委会、乡镇政协联络处、委员活动组：

市七届政协第一次主席会议研究确定了七届政协委员活动组组成人员名单及委员活动组长、政协委员工作职责，现印发给你们，请各活动组认真组织委员开展学习、调研、视察、评议等活动，充分发挥委员主体作用，切实履行政协职能。

政协广水市委员会

2012年1月9日

政协广水市第七届委员会委员活动组组成人员名单

党群活动组（24人）

组　长：严茂松

副组长：刘　焕　　余　华（女）

成　员：李健强　汪维浩　黄争光　石祖斌

夏　刚　刘　坚　李　卫　张大高

易晓辉（女）何　成　李媛媛（女）牛　雨（女）

黄旭玲（女）张国树　张国强　李　琳（女）

熊　玲（女）李晓玲（女）秦　玲（女）李　敏（女）

熊红莲（女）

工商联活动组（23 人）

组　长：夏华清
副组长：刘诗艮　　易心元
成　员：何　卫　　闵大洪　　徐世和　　杨维忠
刘泽卫　　黄国安　　孙元发　　吴静波
吴晓霞（女）王明礼　　闵　欢　　冯先春
李　波　　吴罗生　　杨　林　　李勇刚
易用威　　徐光权　　段其寿　　吴宜秀（女）

社科、科技活动组（22 人）

组　长：熊海东
副组长：孙阳春　　刘心田
成　员：孙　萍（女）金　希　　陈　均　　吴庭煦
李大亮　　张慧玲（女）张　斌　　廖建林
朱　琼（女）程癸菱（女）陈　敏（女）张忠海
刘　咏　　严翠萍（女）何建中　　闵文杰
彭秀珍（女）李　凌（女）蒋国金

经济活动组（20 人）

组　长：张大红
副组长：李全国　　刘全文
成　员：刘　鹏　　龙　广　　张保华　　杨　华（女）
何　琴（女）郑爱书（女）张四林　　刘章贵
王文俊　　张志才　　王阿娜（女）向惟勇
李　辉　　刘德群　　叶　珍（女）刘平禄
沈宝栋

农业活动组（13 人）

组　长：余昌金
副组长：余亮生　　黄　锋
成　员：梅思卫　　余阳萍（女）陈文杰　　伍卫中（女）
孙俊华（女）唐建军　　苏国平　　熊文浩
余巧珍　　刘菊梅（女）

文教卫体活动组（22 人）

组　长：曹伯平
副组长：傅志安　　吴瑶成
成　员：傅本华　　郑传明　　闵奉林（女）　　徐德峰
刘先钊　　徐书玲（女）华运鹏　　刘亚妮（女）
左继东　　高群香　　蔡慧莲（女）熊朝辉
杨　超　　张家金　　熊　雄　　姚绣丽（女）
徐兆意　　曹意春　　熊复名

社会保障、民族宗教活动组（18 人）

组　长：程全国
副组长：韩家彬
成　员：胡亚明　　余波林　　汤永红　　叶国安
熊敬桥　　周　宝　　叶由军　　张孝贵
袁春丽（女）方义林　　释界文　　王向庭
李新平　　李新国　　陈亚民　　徐以国

应办活动组（共 14 人）

组　长：韩楚强
副组长：王　虎

成　员：	李远辉	柯慧云（女）	庄人鸿	代立红
	蔡立桂（女）	刘容岑（女）	王　伟	闵向东
	熊忠华	易良德	王　琴（女）	裴东兵

广办活动组（共26人）

组　长：刘小平

副组长：沈云英（女）

成　员：	梅其永	邱先晋	李定安	孟国明
	吴国权	蔡　洁（女）	何　丽（女）	丁继玲（女）
	赵淑英（女）	刘汉东	胡　洋	李　芸（女）
	柯光慧（女）	程　军（女）	彭立坤	卢永强
	周晓火	朱光顺	付光东	吴建明
	陈朝晖（女）	彭　良	胡秀红（女）	张孝生

十里活动组（共7人）

组　长：魏以钊

副组长：魏发超

成　员：	刘绍平	黄　宪	连九玲（女）	梁瑞明
	蔡诗改			

武胜关活动组（共11人）

组　长：张臣心

副组长：余　川

成　员：	程亮元	黄亚萍（女）	付　胜	张一君
	胡远宝	付国成	马国文	陈　三
	秦晓玲（女）			

杨寨活动组（共 9 人）

组　长：朱凤菊（女）
副组长：陈　珍（女）
成　员：杨文东　吴军林　彭会会（女）卢汉良
邓海鸿　陈　锋　戈建成

城郊活动组（共 8 人）

组　长：张　勇
副组长：黄启锋
成　员：刘家翠（女）李国慎　程艳国　张海涛
熊庆全　刘明清（女）

长岭活动组（共 8 人）

组　长：彭　桥
副组长：何　辉
成　员：杨松青　宋艳萍（女）胡明翠（女）李响声
沈顺钧　陈西强

马坪活动组（共 7 人）

组　长：周春梅（女）
副组长：李　介
成　员：李胜勇　王　红（女）张其务　聂文元
杨爱平

李店活动组（共 7 人）

组　长：李竹青（女）

副组长：卢爱明
成　员：左孝鸿　潘建英（女）卢宏权　龙春华（女）
李山青

太平活动组（共 4 人）

组　长：李亚峰
副组长：王子寒
成　员：万俊媛（女）梅思清

陈巷活动组（共 8 人）

组　长：付大国
副组长：杨俊林
成　员：陈家保　王冬梅（女）章国强　陈　斌
王伯安　陈　娇（女）

骆店活动组（共 4 人）

组　长：冯章辉
副组长：郑家清（女）
成　员：李祖亮　左世贵

余店活动组（共 6 人）

组　长：严春才
副组长：杜鸿雁（女）
成　员：余育菊（女）李　琳（女）王寿行　程开宇

关庙活动组（共 6 人）

组　长：朱大银

副组长：吕忠仙
成　员：孙成斌　张　玲（女）刘明勇　杨从武

蔡河活动组（共 8 人）

组　长：梅思军
副组长：杜向阳
成　员：汪心平　郝小华（女）曾　毛　孟　久
　　　　蔡诗国　应传明

郝店活动组（共 6 人）

组　长：匡光全
副组长：王　勇
成　员：黄　俊（女）代国友　冷利堂　邓亮艳（女）

吴店活动组（共 6 人）

组　长：杨纯权
副组长：汪小溪
成　员：刘　鹏　胡艳菊（女）蔡诗宏　杨保菊（女）

委员活动组组长工作职责

1. 组织委员开展学习。重点学习新时期统战政协理论、党的方针政策路线以及其他各方面的知识，各组每季度至少集中学习 1 次。

2. 组织委员积极参与“四百工程”。即提出百件提案，反映百条社情民意，服务百个企业，支持百人创业。

3. 组织委员开展调研视察活动。围绕市委、市政府工作中心和人民群众普遍关注的热点问题，适时组织本组委员开展调研和视察活动，并写出调查和视察报告，提出有价值的意见和建议。每年开展调查、视察活动不少于2次。

4. 加强对委员提案的督办。对本组委员所提提案或建议的办理情况进行监督，加强与市政协及提案、建议办理单位的联系，适时组织委员对提案办理情况进行视察，及时给委员进行答复。

5. 配合市政协组织开展的调研、视察、评议等中心工作，完成市政协交办的各项工作任务，适时向市政协报告本组委员活动开展情况。

政协委员工作职责

1. 自觉加强各方面知识的学习，不断提高自身素质，提高参政议政的能力和水平。

2. 按时出席市政协全体会议、常委会议、各专门委员会会议及其他形式的会议。

3. 积极参加市政协及各专门委员会组织的调查、视察、考察、学习、民主评议等活动。

4. 密切联系所代表的界别、团体和群众，积极反映他们的意见和要求。

5. 围绕党委、政府的中心工作和社会热点问题，深入开展调查研究，掌握丰富翔实的第一手资料，写出有分量的调查报告，提出有价值的意见和建议。

6. 按照市政协常委会的要求，积极参与“四百工程”，分别完成各自任务。

7. 立足岗位，大胆创新，勤于钻研，乐于奉献，努力做所属行业的楷模和榜样，树立政协委员良好的社会形象，为我市经济发展和社会进步作出贡献。

印发《关于撤销彭修富政协委员资格的决定》的通知

广协发〔2012〕2 号

各专委会、乡镇政协联络处、委员活动组：

《关于撤销彭修富七届市政协委员资格的决定》已经 2012 年 2 月 16 日市政协七届一次常委会议审议通过，现予以印发。

政协广水市委员会

2012 年 2 月 16 日

关于撤销彭修富政协委员资格的决定

（2012 年 2 月 16 日市政协七届一次常委会通过）

根据政协七届一次会议主席团常务主席和政协党组研究，七届政协委员彭修富因无故缺席政协广水市第七届委员会第一次会议，没有办理任何请假手续，没有参加会议任何活动，视为自动放弃七届政协委员资格。

按照《中国人民政治协商会议章程》规定和《政协广水市委员会关于落实治庸问责、加强民主监督的意见》，决定撤销彭修富市政协第七届委员会委员资格。

政协委员管理规定

广协发〔2012〕3号

（2012年2月16日市政协七届一次常委会通过）

政协委员是人民政协工作的主体，委员积极参加政协的各项活动，是政协组织有效履行政治协商、民主监督、参政议政职能的前提和基础。为进一步增强委员履行职责的使命感和责任感，调动委员参加政协活动的积极性，发挥委员在政协工作中的主体作用，根据《中国人民政治协商会议章程》（以下简称《章程》）和有关文件精神，结合我市政协工作实际，制定本规定。

第一条 根据《章程》规定，每届市政协委员名额和人选，经上届市政协主席会议审议同意后，由常务委员会协商决定。每届任期内，如有必要增加或变更委员名额和人选，经本届市政协主席会议审议同意后，由常务委员会协商决定。

第二条 市政协委员有遵守和履行《章程》及市政协全体会议和常务委员会决议的义务。在本会会议上有表决权、选举权和被选举权；有对本会工作提出批评和建议的权利。有通过本会会议和组织充分发表各种意见、参加讨论我市重大事务的权利，有对党政机关及其工作人员的工作提出建议和批评的权利，以及对违纪违法行为检举揭发、参与调查和检查的权利。有声明退出本会的自由。

第三条 市政协应切实保障委员履行职责的正当权益。委员因履行职责而受到阻挠、打击报复或遭受其他损失的，市政协应协同有关部门依法予以查处，并依法追究有关部门和责任人的责任。纪检监察和司法机关在对政协委员采取刑拘、逮捕、“双规”等措施前，要向政协党组通报情况；情况紧急的，可同时或事后及时通报。

第四条 市政协办公室、各专委会和各活动组（联络处）应认真安排和组织有关会议、活动，充分调动委员履行职责的积极性。委员应积极参加政协组织的会议、视察、参观和调查，每年至少提出一件提案，反映一条社情民意，参加一次调研视察活动。

第五条 委员、常委应认真履行职责，按时参加有关会议和活动。因故不能出席会议或参加活动时，应按以下程序和方式请假。全体会议，以书面形式向大会秘书长请假；常委会议，以书面或电话形式向市政协秘书长请假；办公室、专委会及活动组（联络处）开展活动时，以书面或电话形式分别向办公室、专委会、活动组（联络处）负责人请假。

第六条 市政协机关要加强对委员履行职责情况的服务和考勤考核工作。

（1）市政协委员工作委员会负责委员的日常管理工作，建立健全委员基本资料档案。

（2）市政协机关要努力提高为委员服务的意识和质量，科学安排组织各种会议、调研和视察等活动。召开全体委员会议一般要提前 1 周、其他活动一般要提前 3 天给委员发出通知，以便委员安排好本职工作，及时参加政协会议和活动。

（3）要对政协委员每年出席会议、参加活动情况进行统计。主要内容包括：委员出席全体委员会议、常务委员出席常务委员会会议的情况；委员参加调研、视察、专题协商会、学习报告会等议政活动的情况；委员参加专委会、活动组（联络处）活动的情况；委员提交提案和反映社情民意的情况等。

（4）市政协机关要将委员考勤考核结果每年进行一次书面通报，同时抄送市委组织部和市委统战部。

第七条 届内政协委员有如下情况之一的，视为自动放弃委员资格，政协常委会议协商通过，并报市委组织部、市委统战部备案。

（1）无故缺席全体委员会议 1 次。

（2）因事请假连续 2 次缺席全体委员会议。

（3）连续 3 次无故不参加市政协组织的调研、视察等活动。

（4）连续 2 年没有提出政协提案或反映社情民意。

第八条 本规定由市政协常委会审议通过后实施，由市政协办公室负责解释。

市政协常委会2012年工作要点

广协发〔2012〕4号

（2012年2月16日市政协七届一次常委会通过）

2012年，政协工作的指导思想和总体要求：全面贯彻党的十七届六中全会和中央经济工作会议精神，紧紧围绕市委决策部署，以科学发展观为指导，以关注民生、服务大局为重点，以提升工作质量为目标，突出团结、民主两大主题，认真履行政治协商、民主监督、参政议政职能，开拓创新，主动作为，实施 “四百工程”，为打造县域经济强市作出积极贡献。

一、围绕中心，认真履行职能。

围绕市委、市政府中心工作，发挥政协人才荟萃、智力密集的优势，全面认真履行职能。

1. 深入调查研究。组织精干力量，开展风机产业专题调研，摸清其发展现状和存在的突出问题，为市委市政府如何擦亮风机名城品牌，优化发展环境，培植地方经济特色，促进风机企业之间良性竞争、抱团发展等方面建言献策；同时对2009年以来三年间乡镇观摩项目进展及实效情况进行专题调研，跟踪掌握情况，客观评估观摩效果，深入剖析问题，为市委在完善督办考核机制、加快项目建设进展、提高项目运行质效、促进市域经济发展争先进位等方面提供建设性意见。

2. 主动建言献策。利用政协常委会议平台，围绕开展万名干部进万村挖万塘活动；推进反腐倡廉、治庸问责，转变干部作风；改善投资环境，提高招商质效；落实中央政策，重视三农工作等议题，分别听取市政府相关情况通报，开展专题议政，积极建言献策。

3. 推进民主评议。建立评议工作机制，组织委员对涉及民生基本消费的服务质量进行民主评议。成立专班，在深入调查的前提下，重点对城乡供电、商业服务、电视、网络、通讯、交通客运等开展民主评议，以提升服务质量，改善民生状况。

4. 开展视察监督。围绕全市工作大局，组织委员对农村小型水利建设、民营企业职工社会保障、医疗保障全民覆盖成效、新型农民养老保险启动实施等工作进行专题视察。

5. 参与招商引资。充分发挥政协自身优势，广泛开辟对外交往渠道，多方寻求招商项目，努力完成市委分配的招商任务。动员政协委员在做好本职工作的基础上，积极为招商引资做出成绩，为扩大广水对外开放作出贡献。

二、服务大局，着力推进 “四百工程”

不断增强服务发展、服务大局的意识，努力提高服务能力，提升服务水平，着力推进“四百工程”建设。

6. 撰写落实百个提案建议。认真做好提案的征集、整理、审查、立案、交办、回复等各个环节的工作。重点组织好提案审查会、提案交办会、提案见面会、提案视察督办会、提案评议会，努力实现提案办理回复率100%、见面率 100%、满意和基本满意率 95% 以上的目标。

7. 联系招引服务百个项目，带动支持百人创业就业。依托政协经济委员会设立服务办公室，接待企业来信来访，协调有关部门解决企业难题；组织委员企业互助合作，开展联谊、座谈、观摩、交流等活动，促进企业相互启发，共同提高；按界别活动组，组织若干个服务专班，开展结对共建、对口服务活动，为企业发展献计献策。

8. 征集编发百篇文史资料和社情民意信息。做好文史资料的征集、编辑、出版工作，充分发挥其“存史、资政、团结、育人”的作用。重视社情民意工作，在各个专委会、活动组、乡镇联络处设立社情民意联系点，及时反映群众诉求。

三、团结协调，调动各方积极因素

加强社会各界沟通协调，团结一切可以团结的力量，调动一切积极因素，全力推动广水建设，共同促进广水发展。

9. 加强政协间的交流。主动争取省政协、随州市政协的工作指导，积极配合上级政协开展相关专题调研；加强与武汉城市圈县市区政协的工作交流；加强与全国政协工作先进县市的工作交流。

10. 加强与社会各界沟通。加强与港澳台同胞、海外侨胞和各地广水商会的联系。配合市委政府参加广州、北京、上海、武汉同乡会联谊活动。支持工商联和各人民团体以组织名义在政协各种会议上发表意见和建议，邀请工商联成员和无党派人士参加政协的有关调研活动，经常通报情况，交流信息，凝聚共识。

11. 加强与委员的联系。开展经常性委员走访活动，了解委员在工作、学习、生活中遇到的困难和问题，收集委员们意见、建议，通报全市经济和社会发展情况，鼓励委员在各自的岗位上建功立业。

四、与时俱进，切实加强自身建设

坚持与时俱进，加强自身建设，提升综合素质，激发内生动力，增强工作合力。

12. 抓学习。以政协全委会为依托，组织1期政协委员集中培训；以政协常委会为平台，组织政协常委每半年举办一次学习讲座；以政协委员活动组为阵地，组织政协委员开展经常化集中学习交流活动；以专题调研为契机，适时组织政协常委、委员外出学习考察。通过建立健全政协机关干部定期学习制度、组织机关干部深入乡镇和企业调研、邀请专家到机关进行理论讲座、在政协委员中倡议每月读一本好书等方式，鼓励机关干部、政协委员主动向书本学习、向专家学习、向实践学习，提高参政议政水平。

13. 建制度。建立《基层委员活动组工作制度》《乡镇政协联络处工作制度》《加强委员管理工作的意见》《委员参与民主评议工作细则》等规章制度，确保基层政协工作有章可循；注重日常办公、调研视察、提案办理等各个环节程序的规范要求，保证履行职能的制度化、程序化；完善市政协机关工作制度，进一步提高机关行政、会务保障、生活接待、后勤服务质量。

14. 强管理。对政协机关干部，通过述职自评、民主测评、领导鉴评的方式，每年集中考评一次，其结果归档，作为评先表模、兑现奖惩的重要依据；对政协委员，从参加学习、会议、履职活动、履职成果等方面分别建档，全面考核，做到每半年一汇总、一小结，每年一评比、一通报，对优秀者给予大力宣传、表彰，对不认真履职者按程序予以调整，促使政协工作者和委员充分发挥主体作用，切实增强履职意识和责任意识。

附：市政协常委会 2012 年主要工作安排

市政协常委会 2012 年主要工作安排

时间	主 要 工 作 内 容	承办单位
第一季度	拟定《市政协常委会 2012 年工作要点》和《市政协“四百工程”实施方案》	办公室
	提案整理、审查、立案、交办	提案工作委员会
	召开七届一次常委会议：协商通过市政协常委会 2012 年工作要点、市政协“四百工程”实施方案、加强政协委员管理的意见，通报政协委员培训学习测试成绩等。听取市政府《关于开展万名干部进万村挖万塘活动的通报》	办公室
	组织视察农村小型水利建设情况	经济工作委员会
第二季度	启动全市风机产业和我市三年来乡镇观摩项目进展及实效情况专题调研工作	经济工作委员会
	组织委员视察医疗保障全民覆盖效果、新型农民养老保险的实施工作情况	科教文卫委员会
	召开七届二次常委会议：听取市政府关于《我市上半年经济运行情况》、《开展治庸问责，转变干部作风》的通报。邀请专家、学者开展《学习十七届六中全会精神讲座》活动	办公室 学习文史委员会
	召开第一次委员活动组长工作会议：总结经验，交流工作	委员工作委员会
第三季度	组织提案视察督办和评议会	提案工作委员会
	组织委员对城乡供电、商业服务、电视、网络、通讯、交通客运等涉及民生消费服务质量开展民主评议	经济工作委员会
	召开七届三次常委会议：听取市政府关于《落实中央政策，重视三农工作》、《改善投资环境，提高招商质效情况》的通报；讨论通过市政协调查组《关于全市风机产业调查报告》和《关于我市三年来乡镇观摩项目进展及实效情况专题调查报告》	办公室

第四季度	走访委员	办公室
	组织委员视察民营企业职工社会保障情况	经济工作委员会
	召开第二次委员活动组长工作会议：筹备召开市政协七届二次全体会议；总结全年工作，汇报“四百工程”落实情况	办公室
	召开七届四次常委会议：听取市政府关于七届一次会议委员提案办理情况的通报等，听取市政协《对城乡供电、商业服务、电视、网络、通讯、交通客运等涉及民生消费服务质量民主评议情况》的通报；协商研究七届二次会议事宜。邀请专家、学者开展《学习十八大精神讲座》活动	办公室 学习文史委员会

关于汪维浩等同志职务任免的通知

广协发〔2012〕5号

各专委会、乡镇政协联络处、委员活动组及办公室：

根据市委提名，政协广水市七届二次常委会议协商决定：

汪维浩同志任市政协办公室主任（兼）；

张家金同志任市政协副秘书长兼学习与文史资料工作委员会主任；

张孝贵同志任市政协科教文卫工作委员会主任，免去其市政协学习与文史资料工作委员会主任职务；

秦传本同志任市政协团结联谊工作委员会副主任，免去其副秘书长职务；

张克勇同志任市政协委员工作委员会副主任，免去其市政协副秘书长职务；

李娅同志任市政协提案工作委员会副主任。

政协广水市委员会

2012年7月3日

关于印发《广水市政协实行年度量化考核的意见》的通知

广协发〔2012〕6号

各专委会、乡镇政协联络处、委员活动组及办公室：

《广水市政协关于实行年度量化考核的意见》已于7月3日市政协七届二次常委会议协商通过，现予以印发，望遵照执行。

政协广水市委员会

2012年7月8日

广水市政协关于实行年度量化考核的意见

为充分发挥政协委员主体作用和各基层政协组织阵地作用，切实加强委员队伍管理，进一步激发委员履职积极性，根据《广水市政协委员管理规定》（广协发〔2012〕3号）及《广水市政协“四百工程”实施意见》（广协办发〔2012〕3号），现制定委员和各基层政协组织年度量化考核意见，具体如下。

一、考核对象

所有政协委员、市政协办公室及各专委会、各乡镇办事处政协工作联络处及市直委员活动组。

二、考核内容

（一）对政协委员的考核内容

1. 开展“七个一活动”（70分）

（1）阅读一本好书（10分）

有书目及读书笔记5分；每年撰写政协、统战方面的理论或体会文章1篇5分。被广水市、随州市、省、国家级媒体（刊物）采用的每篇分别加3分、5分、8分、10分。

（2）提交一件提案（10分）

每撰写一件但未立案的5分，立案的10分，其中，第一提案人加5分，其他人按5分／人数记加分；被确定为主席会议督办重点提案或被评为“年度优秀提案”的，第一提案人加3分，其他人按3分／人数记加分。上述考核按件数递增。

（3）收集一条文史资料信息（10分）

委员每收集一条文史资料信息10分，其中被广水市、随州市、省、全国政协采用分别加3分、5分、8分、10分。

（4）提供一条招引信息（10分）

委员每向市政协提供一条招引信息10分，当年签订项目协议加8分，落户开工加15分。

（5）反映一条社情民意（10分）

委员每反映一条社情民意信息10分，其中被广水市、随州市、省、全国政协采用分别加3分、5分、8分、10分；得到广水市、地市级、省级、国家领导批示的再分别加3分、5分、10分、15分。若有多人参与，第一反映人按被广水市、随州市、省、全国政协采用等次，分别加2分、4分、6分、8分。其他人按1分、2分、3分、4分加分。

（6）办一件服务发展或解民忧实事（10分）

委员贡献突出受到县（市）及以上嘉奖或先进事迹在广水市、随州市、省、国家以上报刊刊登的每次加3分、5分、10分、15分。

（7）组织或参加一次联系活动（10分）

参加委员活动小组开展活动的，每请假1次扣1分，无故缺席每次扣2分。被纳入全会大会专题发言的加5分。

2. 考勤（20分）

（1）全委会每请假1次扣2分。

（2）常务委员参加常委会每请假1次扣1分，无故缺席每次扣8分。

（3）专委会会议及其他会议每请假1次扣1分，无故缺席每次扣5分。

3. 岗位成绩（10分）

委员年度工作被评为先进工作者或优秀公务员等奖励加5分；得到广水市、随州市、省、国家级嘉奖分别加10分、15分、20分、30分。

（二）对市政协办公室和专委会的考核内容

1. 办公室

（1）做好政协常委会和政协机关工作安排布置（8分）

做到年度有要点，季度有重点，每月有安排，每缺一月扣1分。

（2）完成主席会、常委会、委员全会等会务工作（20分）

做好会议筹备6分、后勤服务 6分、材料准备6 分，其他相关会务工作2分。

（3）做好政协宣传工作（15分）

筹建政协工作网站，制定管理办法，确保网站正常运转5分；及时更新《政协要闻》《公告》等栏目内容5分；年制发《广水政协》八期以上5分，每缺一期扣1分。

（4）加强联系、沟通和协调（8分）

及时与党办、政办及有关单位加强联系和沟通，准时协调有关领导出席各类会议和活动4分；协助各专门委员会办好各类会议和组织开展好调研视察活动4分。

（5）健全工作机制，做好各项制度的制定、完善、督办和落实工作（8分）

做到制度有文件、有汇编的4分；机关考勤每天有记载、每月一汇总、每季一公开、每年一评比4分。

（6）规范机关办事程序（10分）

做好机要档案工作、文电处理、公文印发、公文交换和文件资料的收集、整理、借阅、保管工作，完成2004年至2011年的档案整理工作，每少一项扣1分。

（7）做好机关学习工作（10分）

及时传达会议精神，组织安排市政协机关“喜迎十八大，争创新业绩”

等社会实践活动，做到学习有记录，内容有重点，讲课有安排，学后有体会，每少一项扣 1 分。

(8) 做好机关老干、人事、计划生育、社会治安综合治理等工作 (6 分)。

(9) 搞好服务保障 (15 分)

做好车辆管理、来客接待、财产登记、维修管理、财务、水电管理、值班安排、机关卫生、报刊书籍征订等后勤保障方面工作，每出现问题一项或一次的扣 0.5 分。

2. 提案工作委员会

(1) 制定提案工作年度计划 (15 分)

内容详实，科学合理，操作可行 3 分；做好提案工作方面的信息、文件、资料的收集与整理 3 分；完成提案工作方面的报告 9 分。

(2) 搞好提案督办工作 (20 分)

做好提案的收集、整理、审查、立案、交办工作，为提办双方面对面交流服好务 10 分；做好提案办理情况年度通报，保证提案办复率在 100%、满意或基本满意率在 95% 以上 10 分，每降低 1 个百分点扣 1 分。

(3) 开展和组织提案督办视察活动 (15 分)

协商市政府督查室加大提案办理力度 5 分；做好市政协领导领衔提案督办的服务工作 5 分；指导和协调政协活动组及专委会开展提案督办活动 5 分。

(4) 做好提案知识培训和评选工作 (10 分)

加强政协委员提案知识学习，不断提高提案撰写质量 5 分；开展优秀提案、先进承办单位和先进承办个人的评比活动，拟定初评名单，提交主席会议审定 5 分。

(5) 开展我市三年来乡镇观摩情况的专题调研工作 (20 分)。

(6) 加强提案工作宣传 (20 分)

负责市政协网站"提案建议"栏目的维护和更新 8 分；以提案工作为纽带，加强与政协委员的联系，积极收集社情民意信息，年收集 20 条以上 5 分；在本级政协网站和《广水政协》刊物上稿 10 篇以上 7 分。

3. 科教文卫工作委员会

(1) 有年度工作要点和工作总结 (10 分)

要点科学合理、条理清楚、紧密结合政协常委会年度工作要点和本专委会工作实际5分；总结工作成绩真实、查摆问题准确、原因分析客观、努力方向明确5分。

（2）指导、督促所联系界别、活动组（联络处）开展学习培训活动，年度累计不少于4次（10分），每少1次扣2.5分。

（3）编制上报《广水年鉴》所涉政协相关工作的资料（15分）。

（4）组织政协委员对民营企业职工的社会保障情况进行视察评议（15分）。

（5）协调配合省、随州市政协到本市进行科教文卫方面的调研、视察活动（10分）

做到事前有方案，事中有记录，事后有材料，每缺一项扣1分。

（6）做好信息宣传工作（20分）

负责市政协网站《文化之窗》栏目维护与更新；年收集反映社情民意20条以上10分；确保社会公共事务方面宣传报道上稿10篇以上10分。每缺一条（篇）扣1分。

（7）组织开展一次有影响、有深度的文化建设方面的调研活动（20分）。

4. 委员工作委员会

（1）有年度工作要点和工作总结（10分）

要点制定科学合理、条理清楚、紧密结合政协常委会年度工作要点和本专委会工作实际5分；总结工作成绩真实、查摆问题准确、原因分析客观、努力方向明确5分。

（2）参加和指导学习培训活动（10分）

有计划地指导或督促所联系的界别、活动组（联络处）开展学习培训活动，年度累计不少于4次，每少1次扣2.5分。

（3）协助分管主席开展调研视察、提案督办、评议等活动（10分）

牵头组织政协委员对医疗保障全覆盖、城乡居民新型养老保险工作视察5分；协助分管主席完成提案督办3分；参与评议活动2分。

（4）督促指导委员、活动组（联络处）工作（20分）

制定委员、活动组（联络处）年度量化考核意见10分；制定活动组（联络处）日常工作台账，并督促及时填写活动记录，适时掌握委员履职动态

3分；对委员参加会议、学习、履职活动有情况记录，每年更新一次委员档案2分。

（5）组织召开2次委员活动组长、联络处主任会议、汇总“四百工程”落实情况（10分）。

（6）做好信息宣传工作（20分）

负责市政协网站《政协简介》《基层政协》栏目维护与更新5分；年收集反映社情民意20条以上，积极深入基层，收集掌握优秀政协委员、基层政协组织的典型事迹和工作经验10分；在本级政协网站和《广水政协》刊物上稿10篇以上5分，每缺一篇扣0.5分。

（7）联系推荐委员（20分）

负责联系省、随州市在广水及本市政协委员，按要求程序推荐特邀监督员、行风评议员等10分；牵头组织走访看望慰问委员活动、年度先进政协组织、优秀政协委员的评选活动10分。

5. 经济工作委员会

（1）年初制定本专委会年度工作计划以及《市政协“四百工程”实施意见》，年终有工作总结（15分）。

（2）牵头组织对本市风机产业集群的调研、对农村小型水利建设的视察（30分），每缺1次扣5分。

（3）协调联系督办、指导政协驻点村的“万名干部进万村挖万塘”活动及服务政协机关帮办企业（10分）。

（4）积极开展界别活动，组织委员对城乡供水、供电、商贸服务、网络电视、电信、交通客运等涉及民生消费服务质量的民主评议（20分）。

（5）协调联系随州市政协到我市开展的经济方面的专题调研、视察工作（5分）。

（6）做好信息宣传工作（20分）

负责市政协网站《建言献策》栏目的维护与更新5分；年收集反映社情民意20条以上5分，在本级政协网站和《广水政协》刊物上经济方面宣传报道10篇以上10分，每缺一（条）篇扣0.5分。

6. 学习与文史资料工作委员会

（1）有年度工作要点和工作总结（10分）

要点科学合理、条理清楚、紧密结合政协常委会年度工作要点和本专委会工作实际 5 分；总结工作成绩真实、查摆问题准确、原因分析客观、努力方向明确 5 分。

（2）采取多种形式，组织委员学习，宣传国家政策和法律，做好委员履职知识的培训和考试工作（20 分）。

（3）做好广水历史名人、历史事件等文史资料的征集、编辑、交流、上报工作（20 分）。

（4）组织和指导学习（20 分）

围绕市委、市政府中心工作和形势的需要，组织政协常委开展 2 次学习活动，并适时开展讨论 10 分；每少一次扣 5 分；指导或督促所联系的界别、活动组（联络处）开展 4 次学习活动，每少 1 次扣 2.5 分。

（5）协调配合省、随州市政协到本市进行文史方面的调研、视察活动（10 分）

做到事前有方案，事中有记录，事后有材料，每缺一项扣 1 分。

（6）做好信息宣传工作（20 分）

负责市政协网站《文史天地》《理论知识》栏目的维护与更新 5 分；加强本界别政协委员的联系工作，年收集反映经济方面的社情民意 20 条以上 10 分，每少 1 条扣 2 分；在本级政协网站和《广水政协》刊物上稿 10 篇以上 5 分，每少 1 篇扣 0.5 分。

7. 团结联谊工作委员会

（1） 有年度工作要点和年底工作总结（10 分）

要点科学合理、条理清楚、紧密结合政协常委会年度工作要点和本专委会工作实际 5 分；总结工作成绩真实、查摆问题准确、原因分析客观、努力方向明确 5 分。

（2）组织指导所联系的界别、活动组、乡镇政协联络处开展学习 4 次（10 分），每少 1 次扣 2.5 分。

（3）收集汇总基层政协组织和委员提供的招引信息 10 条以上（10 分）。协助政协机关招引 1 个过 2000 万的项目加 10 分。

（4）负责市政协与上级政协及外地政协交流交往的联系服务工作（25 分）

做好收集整理本地姓氏资料，为宁国和其他外地人士来广寻亲问祖、联系联谊提供依据和服务。

（5）开展工商联、民主党派、无党派、民族宗教及广水籍知名人士、台湾同胞、港澳同胞、海外侨胞、民营企业家交流活动2次以上（15分）。

（6）做好信息宣传工作（30分）

负责市政协网站《团结联谊》栏目的维护与更新10分；做好反映社情民意信息工作，编发《建议与参考》8期以上，被省政协采用2篇、随州市政协采用5篇以上10分；在本级政协网站和《广水政协》刊物上稿10篇以上10分。每缺一（条）篇扣1分。

（三）对市直活动组的考核内容

1. 落实“三有”（30分）

（1）有年度工作计划安排（10分）

围绕政协常委会年度工作要点和“四百工程”实施意见，拟定本活动组年度计划安排。要求特色鲜明、工作安排具体、操作性强。

（2）有工作台账（10分）

字迹工整，填项记录齐全2分；按照规定组织委员学习交流、进驻联系点、开展视察调研达到规定要求，并有记录8分，每缺少1次扣1分，扣完为止。

（3）有委员履职档案（10分）

建立委员基本信息2分；制定履职卡2分；对所有委员履职活动有详细记载6分。

2. 开展活动（60分）

（1）组织委员学习交流（16分）

每年度组织委员集中学习交流不少于4次，每少1次扣4分。

（2）走访座谈（14分）

每月至少进驻联系点1次，每少1次扣1分；每帮助联系点解决1件实事加1分。

（3）视察调研（20分）

每年至少组织1次视察、2次调研10分，每少1次扣3分；撰写调研报告2篇10分，每少1篇扣5分，调研成果被党委政府采纳并实施加5分。

(4) 宣传信息（10分）

每年撰写政协、统战工作方面的信息和理论文章4篇10分，每少1篇扣2.5分。被广水市、随州市、省、国家级媒体（刊物）采用的每篇分别加3分、5分、10分、15分。

3. 考勤（10分）

活动组长参加会议全勤10分，每请假1次扣2分，无故缺席每次扣5分；参加政协组织的其他活动每请假1次扣2分，无故缺席每次扣5分。

（四）对乡镇办事处政协工作联络处的考核内容

1. 机构设施及经费保障（10分）

配备专干，班子健全2分；有固定办公场所、设施2分；工作职责和有关制度健全，并已上墙3分；政协年度专项经费不少于1万元3分，每增加1万元加3分。

2. 软件资料（40分）

(1) 有年度工作要点和“四百工程”实施方案（20分）

“要点”和“方案”均以党政文件转发3分。“要点”制定科学合理、内容全面、特色鲜明3分；年度主要工作安排到季度4分。“方案”要素齐全，有指导思想、工作目标任务、工作原则和保障措施等3分；结合实际，紧扣主题，操作性强7分。

(2) 有工作台账（10分）

字迹工整，填项记录齐全2分；按照规定组织委员学习、进驻联系点、开展视察调研达到规定要求，并有记录8分，每缺少1次扣1分，扣完为止。

(3) 有委员履职档案（10分）

建立委员基本信息2分；制定履职卡2分；对所有委员履职活动有详细记载6分。

3. 开展活动（40分）

(1) 组织委员学习交流（8分）

每年度组织委员集中学习交流不少于4次，每少1次扣2分。

(2) 走访座谈（6分）

每月至少进驻联系点1次，每少1次扣0.5分；每帮助联系点解决1件实事加1分。

（3）视察调研（16分）

每年至少组织1次视察、2次调研6分，每少1次扣2分；撰写调研报告2篇10分，每少1篇扣5分，调研成果被党委政府采纳并实施加5分。

（4）宣传信息（10分）

每年撰写政协、统战工作方面的信息和理论文章4篇10分，每少1篇扣2.5分。被广水市、随州市、省、国家级媒体（刊物）采用的每篇分别加3分、5分、10分、15分。

4. 考勤（10分）

乡镇办事处政协工作联络处主任参加会议全勤10分，每请假1次扣2分，无故缺席每次扣5分；参加政协组织的其他活动每请假1次扣2分，无故缺席每次扣5分。

5. 政协工作创特色（加分因素）

争取到国家项目资金，招引成效显著，帮助解决企业用工、融资等问题，捐赠慈善事业和资助困难群众等方面取得重大突破加5－10分。

三、考核程序及成果运用

（一）年度考核工作由市政协分管主席负责，市政协委员工作委员会组织实施。

（二）考核工作采取分层考核的办法进行。政协委员由各活动组及乡镇办事处政协工作联络处负责组织考核，年底前报政协委员工作委员会备案；政协常委、市政协“一办六委”、各活动组及乡镇办事处政协工作联络处由市政协委员工作委员会年底前统一抽调部分政协委员实施考核。

（三）每年度对量化考核排名为前30名的政协委员和前10名的政协组织（政协机关“一办六委”、各活动组及联络处），在政协全会上予以表彰奖励。

关于印发《政协广水市委员会关于建立走访、联络和述职制度的意见》的通知

广协发〔2012〕9号

各专委会、乡镇政协联络处、委员活动组及办公室：

《政协广水市委员会关于建立走访、联络和述职制度的意见》已于10月26日市政协七届七次主席会议研究通过，现予以印发，望遵照执行。

政协广水市委员会

2012年10月26日

政协广水市委员会
关于建立走访、联络和述职制度的意见

为了强化政协常委的责任意识，充分发挥政协常委在委员队伍中的带头示范作用，进一步调动政协常委履行职能的积极性，不断推进政协工作的制度化、规范化、程序化建设，根据《中国人民政治协商会议章程》和有关规定，制定本意见。

一、建立走访约谈政协常委、委员制度

1.走访约谈对象。根据市政协领导和常委所在的界别，确定市政协主席、副主席、秘书长走访约谈政协常委，政协常委走访委员的对象（主席会议成员联系走访政协常委安排表附后）。

2.走访约谈时间。主席、副主席、秘书长原则上每季度走访约谈所联系的政协常委一次，政协常委每季度走访约谈所联系的委员一次。

3.走访约谈方式。采取登门走访、电话交流、书信往来、走访或约请谈心等方式进行，政协常委也要经常主动与市政协领导联系约谈。

4.走访约谈内容：

（1）了解政协常委、委员的履职情况。

（2）掌握政协常委、委员在学习、工作中存在的困难和问题，积极帮助解决。

（3）积极向所联系政协常委、委员宣传党和国家的大政方针，宣传市委、市政府加快广水跨越发展的目标思路、政策措施和建设成就，宣传人民政协的性质、地位、作用和理论业务知识，组织引导其更多知情明政，更好履职尽责、发挥作用。

（4）征求政协常委、委员对改进政协机关工作的意见建议等。

（5）了解政协常委、委员所在单位支持其履行政协职能情况。

5. 市政协常委、委员要深入基层，认真开展调查研究，积极反映社情民意，确保走访约谈工作取得实效。

6. 市政协办公室、专委会将政协领导走访约谈了解到的情况进行登记，并根据主席会议研究讨论的意见，做好相关处理工作。

二、建立委员活动组（联络处）沟通联络制度

1、各委员活动组（联络处）对本组政协常委、委员每月要联络一次。

2、联络内容：

（1）及时了解政协常委、委员的思想、学习、工作及生产生活情况。

（2）认真督促政协常委、委员按计划完成好反映社情民意和视察、调研等工作。

（3）收集掌握政协常委、委员参与政协活动的情况。

（4）帮助政协常委、委员履职创造必要条件，解决一些力所能及的实际问题和困难。

（5）听取并反映政协常委、委员对政协工作的意见建议。

3. 联络方式：采取电话联系、书信、座谈交流等方式。

4. 各委员活动组（联络处）应及时做好与政协常委、委员联络日志填写工作。市政协将不定期检查、督促该制度落实，做到每半年汇总通报。

三、建立政协常委述职制度

1. 本会常委自任职之日起，应积极履行政协职责，并按照规定每年定期向其所在的委员活动组（联络处）进行述职一次。

2. 政协常委述职一般安排在每年政协全会召开前一个月进行。

3. 述职内容应有本人撰写的《述职报告》，由其本人当面向所在委员活动组（联络处）全体委员述职。

4. 政协常委述职后，由参会委员予以评议，评议结果报市政协办公室。

5. 政协常委述职应全面真实地反映本人履职情况，重点为完成或参与完成“四百工程”任务情况。主要内容：

（1）年度量化考核评价情况。

（2）参加市政协、委员活动组（联络处）组织的各种会议、调研、视察活动情况。

（3）提交提案、大会发言、反映社情民意信息、专题调研报告的主要内容以及产生的社会效果。

（4）发表政协理论文章、提供文史资料以及撰写调研文章（含撰写《广水政协网》稿件）等情况。

（5）参加政协组织的学习培训及自学情况。

（6）联系委员和界别群众组织参加各项公益活动情况。

（7）本职工作岗位年度绩效情况。

6. 政协常委述职材料应交所在委员活动组（联络处）审议。根据《政协委员履职情况考核评价表》对常委述职进行评议提出评审意见，并报分管主席（考核组负责人）签署审阅意见。

7. 委员活动组（联络处）须在规定时间内将政协常委述职材料报送市政协办公室备案。政协常委年度履职情况经主席会议审定后，分别向市委组织部、统战部和常委所在单位反馈。

8. 因公、因病不能及时参加述职的政协常委，要提交书面报告，经市政协主席会议同意后，可延期进行述职。对无故不能参加述职评议的，视为年度述职评议不合格。

本意见自发布之日起试行。

附：主席会议成员联系走访政协常委安排表

主席会议成员联系走访政协常委安排表

主席会议成员	联系界别	政协常委	所属活动组
李健强	中共　工会 共青团　妇联	严茂松　刘　焕 余　华　熊庆全	党　群
傅本华	教育　医药卫生 文体新闻	郑传明　左继东　蔡　洁 丁继玲　曹意春　熊复名	文教卫体
何　卫	经济　工商联	张大红　李全国　刘　鹏 夏华清　刘诗艮	经济　工商联
胡亚明	社科　社保和 新社会组织　民宗	熊海东　张慧玲　程亮元 李　芸　李新平	社保民宗
梅思卫	农业　科技科协	孙阳春　黄　锋 金　希　程　军	农业 社科科技
孙　萍	无党派	杨　华　何　琴 张家金　李　琳	经济 文教卫体
汪维浩	特邀	韩楚强　梁瑞明 陈　锋　易心元	特邀

关于加强专门委员会工作的意见

广协发〔2012〕10号
（2012年10月26日市政协七届七次主席会议通过）

为更好地发挥专门委员会（以下简称专委会）在政协工作中的重要基础作用，进一步增强工作活力，提高工作水平和履职成效，根据《中国人民政治协商会议章程》《中共中央关于加强人民政协工作的意见》（中发〔2006〕5号）和《中共广水市委关于加强和改进新形势下人民政协工作的决定》（广发〔2011〕2号）有关规定，结合我市政协工作实际，现就加强专委会工作提出如下意见：

一、充分认识做好专委会工作的重要意义，切实增强做好专委会工作的责任感

政协专委会是在政协常委会和主席会议领导下，组织委员进行经常性活动的工作机构，是政协经常性活动的重要组织者和推动者，是政协广泛联系委员和各界人士的桥梁和纽带，是政协履行政治协商、民主监督、参政议政职能的重要平台，也是展示政协形象的重要窗口。做好政协专委会工作，有利于保持同政协委员的经常联系，调动委员履行职责的积极性和主动性，发挥委员的主体作用；有利于突出政协的界别特色和优势，反映各界群众的愿望和诉求，扩大公民有序政治参与；有利于发挥政协优势，围绕全局中的重大问题咨政建言，促进党委政府决策的科学化、民主化，推动社会主义民主政治建设；有利于体现政协发挥统一战线的特点和优势，发挥政协大团结大联合的作用，加强政协与党委政府的联系，正确反映和促进处理人民内部矛盾，推进社会和谐稳定。各专委会要不断增强做好工作的光荣感、责任感，深刻认识专委会工作的性质、任务和特点，牢牢把握专委会工作的内容、方式和规律，积极探索，大胆实践，不断提高我市政协专委会工作水平。

二、认真履行职能，积极发挥专委会在政协工作中的重要基础性作用

专委会工作要牢固树立围绕中心、服务大局的观念。紧紧围绕市委政府工作中心，自觉把专委会工作放到全市经济社会发展全局中加以谋划和推进。要认真贯彻落实市政协常委会和主席会议的重要部署，以“四百工程”为履职平台，主动服务和服从于市政协工作全局，确保专委会活动安排与市政协总体工作部署相衔接、相协调，努力为市政协履行职能提供有力保障。

进一步加强调研视察工作。各专委会要坚持“党政所需、群众所盼、政协所能”和“求精、求实、求新”的原则，充分发挥专委会人才优势、专业优势、界别优势，注重拓展和改进调研视察的途径、方法和形式，着力打造调研精品，提高建言立论质量。要进一步完善以专委会为依托，以界别委员为主体，以重点课题为纽带的调研视察工作机制，推动更多的履职成果进入党政决策内容。

进一步加强提案工作。坚持以提高质量为核心，着力提高提案质量、办理质量和服务质量，改进和创新提案工作的方式方法，加大提案的督办力度，加强与相关部门的联系协调，形成广泛参与、联合办理、整体推进、协调配合的提案工作机制，推动提案工作向重质量、重落实转变。

进一步加强反映社情民意工作。注重工作重心下移，更多地深入实践、深入基层、深入群众，畅通反映渠道，体察群众需求，倾听基层声音，汇集各界建议，发挥政协委员、政协各参加单位、社会团体、工商联的优势和作用，及时准确、客观全面地反映各利益群体的意愿和诉求，为党政部门施政提供依据和参考。

进一步加强团结联谊工作。要搭建交流交往平台，拓展联系联谊渠道，积极开展对外交往和联谊活动。密切同港澳同胞、台湾同胞、海外侨胞及工商联、人民团体的联系，加强同广水在外知名人士、各界精英的广泛联系，积极宣传推介广水，协助招商引资，为扩大对外开放和广水跨越发展吸纳人才、凝聚力量、提升形象。

进一步加强文史资料工作。坚持“亲历、亲见、亲闻”原则，突出政协统战特色，深入挖掘和整合我市丰富的文史资源，切实做好文史资料征集和编撰工作，有计划、有步骤地整理、撰写、出版一批具有广水地域特

色的文史资料，发挥其“存史、资政、团结、育人”的作用，为建设文化名市和推动我市文化建设大繁荣大发展贡献力量。

三、加强对外联系，不断增强专委会工作合力

搞好专委会工作，既要依靠自身的力量，又要加强同各方面的联系与合作。

加强与委员的联系。专委会是联系委员、服务委员的重要平台和渠道。要进一步强化服务意识，主动加强与委员及其所在单位的联系，及时沟通走访，听取委员对做好政协工作的意见、建议，帮助委员协调解决履职过程中的实际困难和问题。积极探索发挥委员作用的新途径、新方法，进一步丰富委员履职的内容和形式，调动委员参政议政的积极性、主动性和创造性。

加强与党派团体的联系。建立健全专委会与各工商联、人民团体的对口联系工作机制，丰富开展联合调研视察的内容和形式，加强重大活动的协作配合，增进日常性工作的沟通交流，使专委会成为各党派团体、各族各界人士参政议政、献计出力的重要场所。

加强与党政对口部门的联系，建立与党政部门对口协商和经常性联系的工作机制，通过召开知情问政会、情况通报会，列席党政部门有关会议，开展协作调研，加强信息交流等形式，形成相互支持、密切配合、共同促进的工作局面。

加强与界别的联系。专委会是发挥界别作用、开展界别活动的重要依托。要注重突出界别特色，积极反映相关界别的意见和建议。要建立健全专委会与界别对口联系和开展界别活动的工作机制，使专委会成为开展界别活动、联系界别委员、反映界别诉求的平台和渠道。

加强政协系统专委会之间的联系。利用召开座谈交流会、开展协同调研等形式，增进与省、随州市政协对口专委会的联系与交流，争取上级政协对口专委会的帮助指导，密切市政协各专委会之间的沟通和协作，形成推进专委会工作的整体合力。

四、推进自身建设，夯实专委会履职基础

加强素质能力建设。专委会要围绕履职需要，结合打造学习型政协，切实加强政治理论和业务素质学习。要建立完善专委会内部学习制度，积极组织本委委员开展各项学习活动，通过理论、政策、专业知识的学习，进一步提高履行职能的政治业务素质。要深入研究专委会工作特点和规律，学习借鉴先进经验，积极推进专委会工作的创新发展，不断提高专委会工作的科学化水平。

加强制度机制建设。政协常委会、主席会议要制定施行《政协广水市委员会专门委员会工作规则》，审定明确各专委会工作职责。各专委会要建立健全专委会会议活动、委员联系、调研视察等方面的规章制度，规范专委会工作的内容、程序和方法，使专委会履行职能的各项工作有规可依、有章可循。

加强组织机构建设。要积极争取市委支持，尽快改变“一人一委”的空心化状况，完善专委会组织机构，选好配齐专委会组成人员，使专委会真正实行委员会制。首先，要不断优化专委会组成人员结构，配齐配强各专委会主任和工作人员；其次，可借鉴外地经验，在机关编制人员紧张的情况下，从全体市政协委员中根据其工作内容、界别属性、政治热情和参政议政能力，选配专委会兼职人员，或从基层年轻干部中挑选挂职专委会工作人员。

五、切实加强对专委会工作的领导，为专委会履行职能创造良好工作环境

加强常委会和主席会议对专委会工作的领导。切实把专委会工作放到市政协全局工作的重要位置，纳入市政协工作的整体部署和责任落实体系中。市政协主席会议或常委会议每年要至少召开一次专委会专题工作会议，听取工作情况汇报，总结工作经验，对专委会工作进行检查和指导，研究专委会工作的共性问题。

认真落实主席会议成员分管专委会工作责任制。分管副主席要加强对专委会工作的指导，切实帮助解决专委会工作中的困难和问题。可视情况邀请专委会主任列席主席会议、常委会议和有关秘书长办公会议。市政协

秘书长和分工联系专委会的副秘书长，要加强对专委会重要活动的统筹协调，确保各专委会既独立负责又协调一致地履行职能、开展工作。

努力为专委会开展工作提供后勤保障。积极帮助专委会解决工作中的实际困难，落实各专委会学习、视察、考察等必要的办公、活动经费。机关要在办公用房、公务用车、办公自动化等方面给予必要保障，提供良好的工作条件和服务环境。

关于认真组织学习宣传贯彻党的十八大精神的通知

广协发〔2012〕11号

各专委会、乡镇政协联络处、委员活动组及办公室：

党的十八大是在我国进入全面建成小康社会决定性阶段召开的一次十分重要的大会。十八大报告不仅描绘了全面建成小康社会、加快推进社会主义现代化的宏伟蓝图，也为当前和今后一个时期的政协工作指明了前进方向。为把十八大精神学习好、宣传好、贯彻好、落实好，用十八大精神指导和推进我市政协工作，根据市政协党组研究的意见，现将有关事项通知如下：

一、全市政协组织和广大政协委员要充分认识学习宣传贯彻十八大精神的重大意义，始终与党中央保持高度一致。

1. 十八大报告是新的政治宣言和行动纲领。党的十八大报告集中全党智慧、凝聚各方共识、反映人民心声、顺应时代潮流，全面回顾总结了过去5年和党的十六大以来的实践经验，进一步明确了今后一个时期的发展目标和宏伟蓝图，为我们继续推动党和国家事业发展指明了前进方向，是我们党团结带领全国各族人民坚定不移走中国特色社会主义道路、在新的历史起点上继续发展中国特色社会主义的政治宣言和行动纲领，是马克思主义的纲领性文献。认真学习宣传贯彻党的十八大精神，关系党和国家工作全局，关系中国特色社会主义事业长远发展，对动员全党全国各族人民在以习近平同志为总书记的党中央领导下，高举中国特色社会主义伟大旗帜，满怀信心为全面建成小康社会、夺取中国特色社会主义新胜利而奋斗，具有重大现实意义和深远历史意义。

2. 新一届中央领导集体众望所归，值得信赖和期待。党的十八大是一次高举旗帜、继往开来、团结奋进的大会，十八届一中全会选举产生的以习近平同志为总书记的新一届中央领导集体，是一个经验丰富、年富力强、德才兼备、奋发有为的领导集体，是一个能够担当历史重任和时代使命的坚强领导核心，必将团结带领全党全国各族人民万众一心战胜前进道路上的一切风险和挑战，不断开创中国特色社会主义事业新局面。全市政协组织和广大政协委员要紧密团结在以习近平同志为总书记的党中央周围，坚定政治立场，保持清醒头脑，始终与中国共产党同心、同德、同向、同行。

3. 十八大报告对政协工作提出了新任务新要求，是新时期政协工作的行动指南。十八大报告对进一步健全社会主义协商民主制度作了深刻阐述。报告中明确指出："要完善协商民主制度和工作机制，推进协商民主广泛、多层、制度化发展"、"坚持和完善中国共产党领导的多党合作和政治协商制度，充分发挥人民政协作为协商民主重要渠道作用，围绕团结和民主两大主题，推进政治协商、民主监督、参政议政制度建设，更好协调关系、汇聚力量、建言献策、服务大局。"这为新时期新阶段开展人民政协工作指明了方向，同时也进一步明确了新时期开展人民政协工作的指导思想、主要职能和任务。全市政协组织要把学习贯彻党的十八大精神作为当前和今后一个时期人民政协的首要政治任务，真正把广大政协委员及各界群众的思想统一到十八大精神上来，把力量凝聚到贯彻十八大作出的重大决策部署上来，把智慧集中到实现市委、市政府各项目标任务上来，紧紧围绕建成小康社会这个主题，不断增强履行职能的责任感和使命感，不断开拓人民政协工作的新局面。

二、全面准确学习领会党的十八大精神，迅速掀起学习宣传贯彻党的十八大精神热潮。

1. 总体安排。各联络处、活动组和市政协机关要把学习宣传贯彻十八大精神纳入重要工作日程，作为年前和 2013 年度机关日常学习和联络处、活动组集中学习的重要内容，作为 2013 年度委员读一本好书的必读书目，迅速作出动员部署和具体安排。市政协拟在七届二次全会上进行专题辅导，各级政协组织也要制定相应学习计划，列出学习时间表，明确学习内容。要发挥政协组织善于学习的优良传统，率先在全市掀起十八大精神学习热潮。

2. 学习重点。学习十八大精神要结合实际，抓住重点，学以致用，注重实效。学习的重点是：胡锦涛同志的十八大报告、十八大中纪委报告、习近平总书记同中外记者见面时的讲话、习近平总书记在中央政治局第一次集中学习时的讲话、新修订的党章以及贯穿其中的一系列新思想、新观点、新举措。

学习要在掌握基本观点和领会精神实质上下功夫，通过学习，要达到六个深刻领会：一是深刻领会中国特色社会主义是党和人民长期实践取得的根本成就；二是深刻领会中国特色社会主义是由道路、理论体系、制度三位一体构成的；三是深刻领会建设中国特色社会主义的总依据、总布局、总任务；四是深刻领会夺取中国特色社会主义新胜利的基本要求；五是深刻领会确保党始终成为中国特色社会主义事业的坚强领导核心；六是深刻领会新时期政协工作的新目标、新任务、新要求。

3. 学习方法与要求。全市政协干部和广大政协委员要积极参加各种集中学习，同时要主动开展自学活动。市政协网站开辟专题栏目报道各联络处、活动组学习动态，汇集交流委员学习心得。市政协领导参加市委中心组和市政协党组集中学习，同时指导机关的学习活动；市政协常委参加各联络处、活动组的集中学习活动。学习要认真研读党的十八大文件，原原本本学习党的十八大报告和党章，记好读书笔记，积极撰写心得体会。要创新学习方式，采取辅导培训、专题讲座、交流讨论等途径不断把学习活动引向深入。市政协将在适当时候对全体委员学习情况进行理论测试。

三、紧密联系实际，以党的十八大精神为指导扎实做好当前市政协各项工作。

学习贯彻十八大精神，关键是要以十八大精神为指导，联系广水发展实际，联系政协工作实际，把学习活动与推进广水跨越发展结合起来，与围绕中心、服务大局，提高履职水平结合起来，与推动当前政协工作、完成全年各项目标任务结合起来，把党的十八大焕发出的巨大政治热情转化为推动各项工作的强大精神动力。近期，在抓好十八大精神学习的同时，要重点抓好以下几项工作：

1. 做好市政协七届二次全会各项准备工作。办公室、专委会要按照会务筹备安排，倒排日历进度，抓紧材料、后勤服务等各项筹备工作。全体委员要主动深入开展调研，做好市政协二次全会参政准备，谋划好明年工作思路。

2. 做好市政协领导走访约谈政协常委、常委走访委员和量化考核工作。

年前，市政协领导要按照分工联系的安排，开展常委约谈和委员走访活动。各考核组要按既定的时限要求做好乡镇办事处政协工作联络处、市直委员活动组和政协机关考评考核工作。

3. 深入界别调研，做好新年度提案征集工作。各联络处、活动组要组织发动委员广泛联系界别群众，就一些重大民生问题展开深入调研，切实做好新年度提案征集工作。

4. 做好年度总结和明年工作谋划。各联络处、活动组、专委会要在本月底前将年度工作总结、明年计划安排以及对市政协常委会明年工作的意见建议报送到政协办公室。

政协广水市委员会

2012 年 11 月 20 日

关于表彰2012年度先进政协组织、优秀政协委员、先进政协工作者和优秀提案的决定

广协发〔2012〕13号

各专委会、乡镇政协联络处、委员活动组及办公室：

2012年度，全市政协组织坚持以邓小平理论和“三个代表”重要思想为指导，贯彻落实科学发展观，按照市政协七届一次会议要求，充分发挥委员主体作用，以实施“四百工程”为载体，创新探索谋事、干事、成事之道，较好地完成了市政协2012年度工作任务。根据《广水市政协实行年度量化考核的意见》（广协发〔2012〕6号）文件要求，市政协成立考核专班对基层政协组织和全体政协委员一年来的履职情况进行了全面考核。

为表彰先进，进一步营造干事创业的良好氛围，不断推进我市政协事业发展，经市政协七届四次常委会审议通过，决定授予杨寨政协联络处等10个政协组织“先进政协组织”荣誉称号；授予牛雨等30名委员“优秀政协委员”荣誉称号；授予付大国等10名同志“先进政协工作者”荣誉称号；对“关于提升广水市城市建设品位的建议”等10件提案表彰为“优秀提案”（名单附后）。希望受表彰的先进单位、优秀政协委员、先进政协工作者和优秀提案人，珍惜荣誉，发扬成绩，再接再厉，再立新功。

全市政协组织和全体委员要以受表彰的先进政协组织、优秀政协委员、先进政协工作者和优秀提案人为榜样，以党的十八大精神为指导，科学谋划，积极履职，进一步做好政协工作，为促进广水跨越式发展作出新的更大贡献。

2012年12月22日

2012年度先进政协组织、优秀政协委员、先进政协工作者和优秀提案名单

一、先进政协组织（10个）：

杨寨政协联络处　骆店政协联络处　余店政协联络处
李店政协联络处　蔡河政协联络处　广办政协联络处
马坪政协联络处　市政协委员工作委员会　经济活动组
党群活动组

二、优秀政协委员（20名）：

牛　雨　石祖斌　付志安　刘心田　庄人鸿
陈　锋　陈亚民　余波林　李　介　严春才
吴晓霞　沈云英　余昌金　张四林　夏华清
梁瑞明　程　军　彭会会　熊海东　熊复名

三、先进政协工作者（10名）

付大国　朱大银　陈子君　李亚峰　匡光全
杨纯权　张臣心　张　勇　彭　桥　韩四强

四、优秀提案（10件）

第2号提案：关于提升广水市城市建设品位的建议
第一提案人：熊红莲　王文俊　刘德群　吴晓霞
　　　　　　曹意春　程癸菱
第3号提案：关于加快我市天然气管道建设的建议
第一提案人：李　敏
第8号提案：关于进一步优化经济发展环境的提案
第一提案人：刘诗艮
第19号提案：点亮北立交桥上的灯
第一提案人：柯光慧
第22号提案：关于重视农业组织发展，规范农民专业合作组织建设的

提案

第一提案人：梅其永

第 28 号提案：关于加大城市供水基础设施建设投入的建议

第一提案人：付光东　张臣心　孟国民　吴国权　程军

第 31 号提案：加强广办东西河治理

第一提案人：秦晓玲

第 40 号提案：关于加大对“老虎机”等私彩打击力度的提案

第一提案人：余波林

第 1 号建议：关于建设广办南环新区和南环工业园的提案

第一提案人：刘小平

第 8 号建议：关于修建红旗大桥的建议

第一提案人：李亚峰

组织概况

主　席：李健强
副主席：傅本华　何　卫　胡亚明　梅思卫　孙　萍（女）
秘书长：汪维浩
常　委：丁继玲（女）左继东　刘　焕　刘　鹏
刘诗银　孙阳春　严茂松　杨　华（女）
李　芸（女）李　琳（女）李全国　李新平
何　琴（女）余　华（女）张大红　张家金
张慧玲（女）陈　锋　易心元　郑传明
金　希　夏华清　黄　锋　梁瑞明
曹意春　程　军（女）程亮元　韩楚强
蔡　洁（女）熊庆全　熊复名　熊海东
副秘书长：张克林
秦传本（2012 年 7 月 3 日免）
张克勇（2012 年 7 月 3 日免）
张家金（2012 年 7 月 3 日任）
经济委员会主任：刘茉莉（女）
副主任：韩四强
提案委员会主任：何建中
副主任：李　娅（女）（2012 年 7 月 3 日任）
科教文卫委员会主任：华运鹏（2012 年 7 月 3 日免）
张孝贵（2012 年 7 月 3 日任）
学习与文史委员会主任：张孝贵（2012 年 7 月 3 日免）
张家金（兼）（2012 年 7 月 3 日任）
委员工作委员会主任：黄增光
副主任：张克勇（2012 年 7 月 3 日任）
团结联谊委员会主任：（缺）
副主任：秦传本（2012 年 7 月 3 日任）
应办政协联络处主任：韩楚强

广办政协联络处主任：刘小平

十里办政协联络处主任：魏以钊

武胜关政协联络处主任：张臣心

杨寨镇政协联络处主任：朱凤菊（女）

城郊乡政协联络处主任：张　勇

长岭镇政协联络处主任：彭　桥

马坪镇政协联络处主任：周春梅（女）

李店乡政协联络处主任：李竹青（女）

太平乡政协联络处主任：李亚峰

陈巷镇政协联络处主任：付大国

骆店乡政协联络处主任：冯章辉

余店镇政协联络处主任：严春才

关庙镇政协联络处主任：朱大银

蔡河镇政协联络处主任：梅思军

郝店镇政协联络处主任：匡光全

吴店镇政协联络处主任：杨纯权

理论研究

实施“四百工程”创新谋事干事成事之道

李健强

主动谋事，积极干事，努力成事，是推动科学发展、跨越式发展的伟大实践对政协组织提出的新要求，也是人民政协履行职责，推动工作落实的重要途径。今年以来，我们紧紧围绕党委政府工作中心，把发挥政协委员主体作用，开展政协经常性活动，履行政协三大职能统一于“撰写落实百件提案建议、联系服务百家企业项目、支持带动百人创业就业、收集编发百篇社情民意和文史信息”的“四百工程”之中，以“四百工程”为履职载体，创新政协谋事干事成事之道。

一、坚持履职同心同向，把“四百工程”作为谋事的重要内容

1. 围绕中心大局，明确谋事目标。人民政协的作用是汇集各界人才智力优势，通过履行“三大职能”，实现党委政府提出的经济社会发展目标。其“推手”和“帮手”的角色定位，决定着人民政协谋事，在具体内容上，不是对党政工作的重复重叠，也不是对党政工作的拾遗补缺，更不是代替党政部门的工作。因此，政协谋事只有围绕党委中心大局，保持同心同向，才能事有所成、有所作为。去年年底换届之后，新一届中共广水市委提出了“推进跨越发展，加快赶超进位，打造县域经济强市”的战略目标。作为市级政协组织，我们在部署安排工作时，紧紧围绕这一中心，统筹谋划各项履职活动内容。提出每个界别委员活动组要与企业项目或社区建立对接联系点，在市政协系统内，形成以撰写落实提案为手段，服务企业项目为基础，参与支持创业为推动，反映社情民意为抓手的工作机制，实现每年至少“撰写落实百件提案建议，服务招引百家企业项目，支持带动百人创业就业，收集编发百篇社情民意和文史信息”。通过组织实施这个“四百工程”，为政协委员履职创造平台，拓展空间，使政协组织成为全市经济社会发展的重要生力军。

2. 发挥界别作用，搭建谋事载体。为使“四百工程”任务落到实处，我们以界别委员活动组为单位，建立了近百个“四百工程”对接联系点，要求每个委员活动组依据自身界别特点，分别联系 3 至 4 家企业、社区或基层单位。在各联系点组织委员活动，各委员活动组组长为第一责任人，要求每月至少组织委员到联系点一次，开展走访座谈、视察调研、收集信息、解决问题。市政协机关各专委会按所联系界别组成服务专班，对委员活动组的每项活动内容、时间、方式、效果建立台帐，详细记载、分项考核。通过这一方式，力争把委员活动联系点建成提案建议源出点、招商信息汇聚点、创业就业带动点、社情民意收集点、发展环境监测点。

3. 明确任务要求，细化谋事内容。在实施“四百工程”活动中，我们还对各委员活动组提出了谋事细则，明确了八项要求。一是收集了解招商引资信息。帮助企业和客商作好项目论证推荐、建议落户工作，督促相关部门落实招商引资项目的各项政策和服务措施。二是帮助企业收集了解本行业发展动态。联系推荐新技术、新工艺、新伙伴、新客户，为企业间相互合作牵线搭桥，促进企业不断创新，提升经营管理水平。三是协助企业加强与政府部门和各服务单位联系。督促各类服务经济发展的政策措施落实到位，帮助企业协调外部关系，优化发展环境。四是参与企业和各类经营主体间的创业信息交流。促进市场主体快速发展，扩大规模、增加就业，带动城乡居民提高收入水平。五是充分了解联系点单位的社情民意。及时反映群众意见，参与各类扶贫帮困的慈善救助活动，协助行政领导机关和社会组织预防、化解突出社会矛盾，理顺群众情绪，维护社会稳定。六是关注本地和联系点居民的生活现状和政府重大改善民生政策的落实情况。及时了解反映不同群体的利益诉求，帮助政府部门落实各项改善民生的政策措施。七是深入调查挖掘本地重要人文历史史料，收集本地各类文史信息。八是跟踪当年政协提案办理进程，联系督促有关部门落实提案建议；在调查研究的基础上，提出新的提案建议。

二、实行“三位一体”联动，以“四百工程”作为干事的主要平台

为了把实施“四百工程”与政协经常性工作紧密结合起来，我们成立了主席任组长、各位副主席任副组长的实施“四百工程”工作领导小组。

领导小组下设以秘书长、各专委会主任为成员的办公室，分别设立了四个工作专班，负责“四百工程”的日常组织、指导、联络和考核工作，使政协领导、专委会、委员活动组及联络处“三位一体”联动，以“四百工程”为平台，干事有目标，履职有责任，活动有成效。

1. 市政协领导围绕“四百工程”领办项目，组织活动。市政协党组成员今年各自分别担任了广水烟厂技改及仓储中心项目、十里工业园被征地农户安置小区项目、应山城区“一河两岸”工程项目、三潭风景区旅游开发项目、城市燃气供气工程项目的指挥长或副指挥长，直接组织领导服务协调项目建设。与此同时，各位主席还直接组织参与所联系的界别、活动组的走访视察、调研座谈活动，协调解决企业项目发展中的问题，联系督办领衔的委员提案建议。

2. 政协各专委会围绕“四百工程”服务协调，分项管理。一是以经济委和团联委为基础,设立企业项目服务办公室,负责收集各类招商引资信息,加强对外客商的联系，掌握了解各委员活动组联系企业项目的情况，配合协调市有关部门解决企业项目反映的突出问题，组织委员参与企业间的互助合作，促进企业共同提高加快发展。二是委员工作委员会负责各活动组和联络处实施“四百工程”的相关统计报表、台帐记录的收集整理，组织经验总结交流，宣传支持带动创业就业典型，负责委员活动组和乡镇联络处“四百工程”活动实效的考核评比。三是提案委员会负责委员提案建议的征集整理、审查立案、会议交办、调研督办。对提案建议的落实，组织委员活动组视察催办，提案委员当面评议投票结案。四是学习与文史和文教卫体两个委员会除组织委员学习的工作外，主要负责收集整理各界社情民意和文史信息，编发《广水政协》、《建议与参考》刊物，维护更新政协网站网页。

3. 各委员活动组和联络处围绕“四百工程”全员参与、主动作为。各界别活动组和乡镇联络处是政协委员经常性履职活动的基本单位。实施“四百工程”，使他们集中活动有内容、委员履职有效果。今年以来，全市 24 个委员活动组和联络处，共组织开展各种视察调研等履职活动 50 多次，委员参与各种活动共近千人次，参与率达 95% 以上，极大地提升了基层政协组织和委员参政议政的影响力，树立了人民政协积极作为的新形象。应山八一涵管厂是广水市一家历史较长的民营企业，经过 20 多年的发展，该企业产品质量好、市场信誉高，但生产能力难以满足市场需要，亟待技改扩能，新开发的环保制水设备生产线也面临征地困难等各种问题。市政协常委、党群活动组组长严茂松同志组织 12 名委员到企业视察调研，为企业把脉问诊、出谋划策，同时与应山办事处和市有关部门协调，帮助解决企业征地、规划、融资、管理等问题，使企业步入了发展的快车道。蔡河镇金悦公司，是一家以红薯为原料的农产品加工企业，为使企业建立稳固的原料供应基地，同时发挥对当地农民增收的带动作用，蔡河镇政协联络处组织政协委员就红薯的品种引进、高产栽培、基地建设多次深入调研，积极与省科研部门联系，为党委政府当参谋出主意。今年 3 月，终于争取扶持开发资金 30 万元，扩大红薯种植面积 2000 亩以上，建成了企业原料基地，增加了农民收入。今年广水市持续严重特大干旱，广水城区生活用水严重短缺，几度“供一停一”，群众怨气大，政府压力大。针对这一情况，广水办事处政协联络处多次组织政协委员到水源点视察，一方面向群众积极做好宣传解释工作；另一方面向市政府建议改造高峰寺水库供水管道，增加供应点水源，进而实施应广两城区供水并网工程，从根本上解决广水城区供水困难。这一建议得到了市政府采纳，缓解了供水压力，平复了居民情绪。

三、推行量化责任考核，用“四百工程”作为成事的衡量标准

为使“四百工程”推进有力度、成效有比较，我们推行了量化责任考核制度。政协常委会审议出台了《关于实行年度量化考核的意见》，实行专委会、委员活动组及联络处和委员百分制考核，每月一小结、每季一通报、一年一评比。把考核结果作为评先表模的主要依据，并作为委员年度履职表现评价向社会公布，激发了政协委员谋事、干事、成事的热情，促进了政协履职活动向更加注重发展大局、更加注重民生民意、更加注重取得实效的转变。

1. 主动招商，引进项目有起色。今年以来，全市政协系统共招引投资 2000 万以上的项目 45 个，落实项目资金 27 亿元。市政协机关引进了投资 2.8

亿元的德润食品、投资 2 亿元的“红色江山”物流园、投资 1.2 亿元的中环天然气 3 个过亿元项目，现都已落户开工。应办政协联络处实现招商引资总额 4 亿元，在建项目 4 个，已签约项目 5 个。杨寨镇 10 名政协委员提供招商信息 8 条，引进项目 5 个，共引进资金 4.2 亿元。工商联界政协委员闵大宏联系招引客商，为建设应山城区“一河两岸”项目，一次投资 6 亿元。余店镇政协联络处 3 月份成功招引总投资过 8 亿元的绿能建筑硅谷项目，目前已落户工业园区。

2. 主动服务，帮扶企业有效果。通过开展“结对帮扶”等活动，服务企业 86 家，帮助企业解决问题 52 件，带动就业 1266 人。杨寨镇政协委员联系服务企业项目 10 个，帮助昌瑞纺织等三家企业组织就业员工 160 余人。政协委员曾毛发挥教师优势，积极联系技校毕业生，帮助鸿基电子公司招收员工 30 多人，既缓解了企业用工压力，也解决了群众就业困难。李店乡左孝鸿委员个人贷款 10 万元，为该乡奎叔面业公司解决了资金周转难题。蔡河镇政协联络处主任梅思军积极与市信用社联系，为湖北天地康缘公司解决了信用贷款 30 万元。马坪镇政协委员杨爱平投资近万元为村里打了 3 口深井，解决了大旱之年养殖场用水困难。

3. 主动协调，改善民生有行动。今年以来，已征集社情民意和文史信息 77 条，整理编发稿件 122 篇，被省级以上政协报刊和媒体采用 69 篇，自办的《广水政协》、《建议与参考》两刊共发稿 33 篇，广水市政协网站共发稿 159 篇，充分反映群众诉求，加强了政协与各界的联系沟通，促进了相关问题的解决。安徽省宁国市约 60% 人口是清末广水市（时为应山县）南迁人口的后裔，两地市民均有访亲寻根的强烈愿望，今年上半年，我们组织政协委员到安徽省宁国市考察交流，成立了广水市广宁乡亲联谊活动推进委员会，启动两市人民联络互访、寻亲问祖的支持工程，将氏族宗亲资料整理归类，在广水政协网站上设立专栏，方便两市人民查寻。还就互通对接两市旅游线路、开启两地间直达客车线路等提出了建议，为两市群众间的友好往来搭建了交流平台。余店镇政协联络处反映落实群众诉求，建议政府建立健全了易肇事精神病人的诊疗关怀制度和工作机制，目前已送 5 名易肇事精神病人到精神病医院就诊，从根本上解决了群众的后顾之忧。李店乡政协联络处关注留守妇女、老人和儿童，争取北京农家女文化发展中心的项目支持，创办了全省首家村级非营利性留守妇女、老人和儿童服务中心，目前，已居住 14 位老人，每天有 50 多位留守妇女在中心自发地锻炼身体，每周末有 10 名留守儿童在此得到呵护。蔡河镇政协联络处针对村民反映电网老化、供电能力不足等问题，多次与供电公司联系，使蔡河一年新装 15 台变压器，从而解决了 7 个村 36 个组上千户用电难及生产用电难问题。

4. 主动督办，提案落实有成效。今年以来，我们先后 20 多次组织委员到各承办单位落实提案，使承办单位增强了责任，增大了压力，使政协提案办理回复率达到 100%，委员满意率达到 95% 以上。广水市京广铁路立交桥横跨京广铁路，建成通车后，至今 21 年桥上有灯无亮，安全事故时有发生。政协委员柯光慧为此提出提案，委员活动组也积极催办，得到了市政府的重视，由分管市长领办解决，广办投资 4 万元进行了改造，于 6 月 1 日通电启用。市公安局在收到关于加大对“老虎机”打击力度提案后，迅速行动，依法取缔了 12 家利用电子游戏机赌博的电玩城，对 6 名违法业主进行了刑事拘留，同时，行政拘留 24 名相关人员，罚款处罚 20 余人，扣押、销毁各类赌博机 600 余台，打击了赌博违法犯罪活动，消除了治安隐患，净化了社会风气。

（原载《湖北省“人民政协参政议政理论与实践创新”研讨会论文选编》）

团结联谊

汪维浩秘书长就广宁乡亲联谊活动给宁国政协秘书长熊宁东的一封信

熊秘书长：

你好！非常感谢宁国之行给予的周到安排和盛情接待！在宁驻留时间虽短，但我切身感受到宁国老乡对广水老家来人的亲近和欢欣，深深体会到广水与宁国间血浓于水的友情与亲情。

宁国一别，已有月余，但我一直有一种激昂的情绪：我为广水、宁国两地跨越巨大时空因战争和灾荒结缘而感慨；我为先辈“一担箩筐下江南”，那种破釜成舟闯天下的精神而感动；我被宁国老乡辗转千里、寻根找亲的那种故土情怀而感染……因此，我总想，该如何落实好双方政协主席达成的联谊共识，实实在在地为广水、宁国两地老乡做些什么？出于这一感情，我对推进广、宁双方联谊工作，可以说一刻都没有放松。尤其是，我们的李主席多次过问催促、直接策划安排也让我不敢放松。需要说明的是，因中途夹杂着很多其它事务，工作有所耽搁，故回广月余未能及时回复于你，在这里，我首先要为我们的低效说一声抱歉！

下面，将我市政协近期所做的相关工作作一通报：

一、李健强主席将在宁考察学习情况，特别将与何光华主席达成的共识——通过政协组织推进广、宁双方联谊这一构思和相关策划，回广后即向市委作了汇报，得到市委主要领导的肯定和赞许。

二、广水政协召开主席办公会，就如何推进双方乡亲联谊进行了专题研究，并明确了责任领导，搭建了班子，讨论安排了近期活动。

三、专题发了两个文件。一是成立了湖北省广水市广宁乡亲联谊活动推进委员会。主任由政协党组副书记、副主席傅本华担任，成员由与此相关联的常委、委员局长（主任）及中心乡镇政协联络处主任等同志担任，具体为两市民间交流提供组织接待、信息服务等工作；二是向全市发出了关于征集族谱档案及姓氏资料的通知，同时在广水政协网站、广论天下网站上进行了发布宣传。为宁国老乡回广认祖归宗提供查考佐证资料。

四、全面调查摸底广水主要姓氏分布及其宗亲会联络人、各族辈份字派情况。经过近一个月努力，广水大部分姓氏简要情况已基本掌握。时机成熟时将在广水政协网站上发布，最大限度地为宁国老乡提供寻亲线索。先将已收集到的情况整理发送给你（见附页一）。

五、关于将广水、宁国互纳为旅游目的地问题。已协调广水旅游局对两市互纳为旅游目的地进行了可行性论证，并拟定出具体推进计划。现一并发送给你，是否可行？还需你方旅游部门的认可（见附页二）。

六、关于两地开通直达班车事项。经与我市交通客运部门协调，鉴于目前两地人员日常交流量不大，直接开通直达班车为时尚早，建议先行启动旅游活动计划，待民间交流量扩大、时机成熟后再行协商，不知可否？

熊兄：以上工作进展，请审阅，望回应。代向何主席、吕主席、刘主席等领导问好。

汪维浩

2012 年 7 月 10 日于广水

附件一：广水市主要姓氏宗亲会联络人名单

附件二：广水市和宁国市互纳为旅游目的地策划方案

附件一

广水市主要姓氏宗亲会联络人名单

姓氏	联络人姓名	社会职务	电话号码（略）
李姓	李光强	原北关中学校长	
张姓	张运丹	市党史市志办主任	
	张家松	市教育局退休干部	
	张克林	市政协副秘书长	
陈姓	陈方俊	市公安局退休干部	
	陈　华	市物价局原局长	
刘姓	刘安猛	市政协原副主席	
汪姓	汪思明	市建材行办原主任	
熊姓	熊国潮	应办前河社区书记	
韩姓	韩家彬	市民宗局副局长	
夏姓	夏齐湘	城郊乡原党委书记	
左姓	左孝文	市财政局工会主席	
朱姓	朱明举	市交通局党委书记	
秦姓	秦业全	秦氏宗亲会会长	
柳姓	柳祥斌	三里塘社区会计	
毛姓	毛传书	市交警大队原干部	
吕姓	吕忠德	市民政局副局长	
聂姓	聂耀猛	聂姓族谱办主任	
徐姓	徐德华	市人社局副局长	
周姓	周承法	市财政局原副总工程师	
赖姓	赖　毅	市政府网站主任	
石姓	石祖斌	市委统战部科长	
姚姓	姚崇国	市政府驻汉办副主任	
严姓	严茂松	市委统战部副部长	
曹姓	曹远国	原麻纺厂厂长	

	曹　平	市政协干部
华姓	华运鹏	市“两圈”办主任
高姓	高群香	市卫生局副局长
郑姓	郑传明	市一中副校长
梅姓	梅　江	市人大办公室主任
何姓	何永富	市劳动局原局长
胡姓	胡启发	市林业局书记
傅姓	傅本银	市卫生局副局长
沈姓	沈木成	市党校老师
吴姓	吴炳耀	市公安局干部
卢姓	卢宏伟	市法院副院长
魏姓	魏厚满	市档案局干部
黄姓	黄功富	市人大原副主任
阙姓	阙存涛	市人大干部
章姓	章家文	市水务公司副总
闵姓	闵光辉	市纪委干部
蔡姓	蔡曙东	市纪委干部
孙姓	孙光安	随州政协副秘书长
余姓	余亮生	市林业局副局长
程姓	程登国	市林业局副局长
王姓	王政亮	原市统战部干部
杨姓	杨春炯	市人大农工委主任
戈姓	戈建强	太平乡高店宗亲会负责人

未完待续，各姓氏辈分字派正在整理中

附件二

广水市和宁国市互纳为旅游目的地策划方案

广水市和宁国市有着深厚的历史渊源，人文底蕴联系紧密，旅游资源各具特色，双方互为旅游目的地既是推动旅游产业发展，促进经济增长的需要，也是满足两地群众探亲访友、寻亲问祖的需要。

一、可行性分析

1. 广水宁国两地人文底蕴联系紧密。根据调查资料显示，今天的宁国市人口构成中，80% 是外来移民的后代，而在这些外来移民中，应山人就占了 80%，今天宁国 38 万人口中，广水人后裔约有 20 万人左右。2008 年 9 月，“安徽宁国　湖北广水缔结友好城市签约仪式”在宁国市会务中心隆重举行。时任广水市市长周静与宁国市市长牛传勇代表两地签订了《友好城市协议书》。两地联系愈发紧密。据悉，宁国广水人后裔有着强烈的故土家园情怀，回乡寻亲问祖的愿望强烈。同时，广水人对宁国也有着强烈的好奇：迁出祖籍地的宁国老乡一百多年来其口音习俗变化多大？宁国地区资源禀赋与广水有多大区别？宁国今天如此巨大的成就从何而来？本地广水人该如何向宁国老乡学习等等。这些为双方人员互动往来奠定了良好人文基础。

2. 广水、宁国两地旅游资源各具特色。广水市有三潭省级旅游度假区、徐家河省级旅游度假区、中华山国家森林公园、黑龙潭风景区。广水周边还有炎帝神农故里、玉龙温泉、河南鸡公山等一大批国家 4A 景区。宁国有恩龙世界木屋村、东津河漂流、夏林风景区、石柱山风景区、青龙湖——板桥原始森林国家森林公园等等。宁国附近还有黄山、杭州、千岛湖等优质旅游资源。双方旅游各具特色有一定的互补性。这些为双方互纳为旅游目的地奠定了资源基础。

二、方法路径

为了加强两地联系，共同推进两地旅游开发，本着“资源共享、优势互补、互利共赢、共同发展”的原则，拟从以下几个方面开展合作。

1. 积极联系，争取建立长期旅游合作的工作机制。拟先由双方旅游局带领两地旅行社进行互访，到两地进行旅游资源考察，适时签订两地旅游战略性合作协议。

2. 建立旅游客源互送机制。鼓励和倡导两地互为旅游客源地，互为旅游目的地。鼓励两地旅行社互推旅游线路。在适当的时候举办广水——宁国乡情旅游线路首游式。对互推旅游线路的旅行社给予一定的政策支持和资金奖励。

3. 建立旅游产品共同开发机制。鼓励和引导双方旅游投资商到对方投资开发旅游景区。鼓励双方开发成熟的旅游景区开展交流和合作。

4. 建立旅游人才互动机制。开展旅游人才互动，鼓励和引导双方旅游管理人员和旅游专业人员到对方旅游企业挂职、学习，提升旅游管理水平。

建 言 立 论

市政协七届二次常委会议
关于听取市政府通报全市上半年经济运行和市纪委监察局通报开展治庸问责转变干部作风情况的协商纪要

广协发〔2012〕7号

7月3日，市政协七届二次常委会议听取了副市长朱明武受市政府委托所作的《全市上半年经济运行情况通报》和市纪委副书记、监察局长汪维礼所作的《开展治庸问责转变干部作风情况通报》，会议对此进行了认真协商讨论，提出了一些意见建议。纪要如下：

一、关于上半年经济运行情况

会议认为，政府通报客观全面，问题剖析透彻，今后措施明确具体。上半年，全市各项经济指标总体完成较好，主要经济指标无论是日历进度，还是同比增幅基本实现预期，尤其是支撑经济发展的“三驾马车”——投资、消费、出口，均保持良好势头，工业经济的支柱作用突出。这些成绩的取得是在国际经济整体不振、国内经济增长乏力的环境背景下取得的，确属来之不易。会议充分肯定了市政府及相关职能部门为此付出的辛勤努力。通报对问题的把握和困难的预见，显示了市政府对经济总体形势的准确研判，提出的应对措施具有很强的针对性。

会议建议：

1. 要突出抓好招商项目的落户开工工作。通报提出全市下半年还将组建4个专业招商分局，进一步加大招商力度。常委们认为，下半年经济工作的重心，更应把精力和着力点放在已签约项目的落户开工上。从通报看，今年上半年，全市引进项目132个，协议引资119.92亿元，实际到位资金28.56亿元，新引进投资过2000万元工业项目就达37个。而实际落户开工的项目并不多，竣工投产的项目更是寥寥。促使落户项目早开工，开工项目早竣工投产，这在当前应比招商更为紧迫，否则不仅被征地群众有意见，也严重影响了投资者的信心，更损害了广水对外形象和声誉。

2. 要充分认识今年宏观经济形势的严峻性，突出抓好骨干支柱企业的运行帮扶。受欧债危机影响，国际市场严重萎缩，全国中小企业普遍陷入订单减少、劳务成本上升、产品价格下跌、资金周转减缓等困境，同时，广水遭受严重干旱，这些都制约着年初既定目标的完成，对此我们应有清醒认识。从通报 5 月份数据看，全市规模工业税收入库 5517.8 万元，同比下降 32.2%，累计税收入库过百万元企业家数不增反降，一批骨干支柱企业税收下滑严重。会议认为，华鑫冶炼、雅都纸业、金汇冶炼、鼎盛科技、广彩印刷等骨干企业是我们的“饭碗”所在，而它们在用地、用水、用工、融资等方面均存在这样那样的制约，有的还处于停产、半停产的状态。因此，要借“大帮办”之力，全方位推进“帮办服务”，一个企业一个企业地排查帮扶，促使其正常生产运行。

3. 要突出发展产业集群，强化风机产业的比较优势。县域经济竞争其实质乃特色产业竞争。风机产业集群作为我市发育初步成型、有一定知名度和影响力的产业，其发展事关广水的未来，必须通过服务、管理、政策等诸方面的创新引导，继续扩大产业规模，完善产业链条，放大比较优势，扩大知名度和美誉度，增强市场竞争力，以提升广水经济的整体实力。尤其在国际经济形势低迷，倒逼中国经济加快结构调整和转变增长方式的情况下，我们要迅速制定风机产业集群发展规划和扶持风机产业转型升级政策，集全市之力，将各种优势资源、要素向风机产业聚集，特别要大力支持省风、双剑两企业上市，促使风机骨干企业“脱胎换骨”，在更高平台上参与市场竞争。

4. 要合理调配全市工业经济的整体布局。东三镇工业基础厚实，交通区位优势明显，岗坡土地利用相对宽松，因此发展工业更有优势。部分政协常委提出，要充分利用这些有利条件，合理调配工业布局，将东三镇作为工业发展的重点，有计划引导招商项目东移，培植特色经济“增长带”。

二、关于开展治庸问责转变干部作风情况

会议认为，市委自去年 9 月以来在全市掀起治庸问责风暴，目标明确，措施及时，工作有力，成效明显。党员干部的纪律观念、责任意识、工作

作风均得到明显提升，发展环境、服务质效得以优化和提高。突出的变化是：公职人员在工作时间、公众场所抹牌的歪风明显遏制，上下班纪律、会风会纪明显好转，公款宴请吃喝减少，行政执行能力有所增强等。对于治庸问责下一步计划安排，尤其是市委赴外地“四省六县市”实地考察后推出的系列举措，会议认为很有针对性和操作性，政协常委们纷纷表态予以拥护和支持。同时表示，作为政协组织中的一员，要以知行合一、身体力行的具体行动呼应市委的决策部署，不负政协委员的历史使命，严格自律当好表率，立足岗位建功立业，合力打造责任政协、有为政协。会议建议：

1. 深度发掘杨涟的时代价值，打造责任廉政文化。当下，社会道德价值体系崩溃，实用主义至上，拜金主义盛行，相互指责埋怨之气漫延。在整个社会呈现功利浮躁、缺乏责任担当及自我反省的大背景下，发扬光大杨涟的精神价值意义重大。作为广水人的先辈，杨涟虽是一封建官吏，但其坚守道统、清廉为民、独善其身、勇于担当等精神内涵实乃千年不古、永不过时，且愈在社会变革、价值取向多元时愈加珍贵！应当作为责任文化、廉政文化建设的一部分加以发掘，以熏染各级干部切实增强社会责任感和历史使命感。

2. 切实从各级“一把手”抓起。抓示范带动，抓各级班子建设。市委做出的决策、出台的文件，必须督查到位，做到言必行、行必果。要抓几个层次较高的干部典型，实行治庸问责，起到杀一儆百的震慑效果。

3. 营造正确的舆论导向。选准树立一批勤勉敬业、埋头苦干、扎实做事的典型，彰显“老实人”的地位和价值。

市政协七届三次常委会议
关于听取市政府通报我市招商引资和
“一抗三保”工作情况的协商纪要

广协发〔2012〕8 号

10 月 15 日，市政协召开七届三次常委会议。会上，副市长朱明武、左扬分别通报了全市招商引资和“一抗三保”工作情况。会议对此进行了认真协商讨论，提出了一些意见建议。纪要如下：

一、关于招商引资工作

会议认为，今年以来全市招商工作取得了显著成绩，元至九月份全市引进资金达 43.17 亿元，上报省外到位资金 25.56 亿元，新引进投资过亿元项目 19 个。突出的特点：一是重点突出，招商的针对性明显增强。加强了对自身产业结构、基础设施薄弱环节的研究，改变了过去“抓到碗里就是菜”的盲从招商方式，针对广水最需要什么，最欠缺什么，强化了招商的选择性、针对性。今年先后引进了一批城市功能设施项目、旅游酒店项目、大型物流项目及金融服务项目，大大提升了城市品味，完善了城市功能，强化了发展支撑。二是新型产业招商获得了重大进展。风能发电、绿能环保等一批环保型新能源项目引进落户，改善了全市产业结构。三是加大了对质效运行不高的老项目清理，实施分类处置办法，提高了土地使用效率。对闲置、低效利用土地的 19 个项目进行了清理，并有效采取了税收制约、二次招商等跟进措施。利成制衣、华达化工、电线电缆等颇受群众关注、被社会诟病的一批老项目均启动了二次招商，有的还获得了实质性进展。

尽管全市招商工作中存在这样那样的问题，一些招商的思路、措施还需要完善，但不能以此来否定招商的成果、动摇招商的方向，扩大开放这一经济发展的主战略任何时候都不能放松。会议认为，作为政协组织，将一如既往地把参与招商、服务招商作为政协履职的重要内容。

会议建议：

一是切实落实项目论证制度。要杜绝项目论证走过场、送人情现象，完善项目准入选址、供地落户工作流程，建立分层、分级审核把关制度，坚决把假项目、空项目、高污染、高耗能项目拒之门外。对引进重大项目落户，应适当公开项目论证情况，公布其享受的优惠政策，既接受监督，又打消群众的疑虑。

二是继续加大闲置项目土地清理力度。对土地长期大量闲置、运行质效低下的项目，继续采取经济、法律手段进行清理，既是盘活现有土地存量的需要，又是对假借招商之名、行圈地之实不法商人的一大警示。

三是加快招引项目的落户进度。要用项目的运行质效，让群众享受到发展的成果，要用项目的推进进度，使群众增强发展的信心，从而赢得社会各界对招商工作的理解支持，以促进发展环境的根本改善。

四是注重与武汉城市圈的主动对接。在武汉城市圈的产业布局调整中，武汉市的发展定位确定为总部经济。大量的产业、企业被省政府列出了时间表，要求限期搬出武汉市中心城区。我市应抓住武汉城市圈产业调整的契机，招商工作应与“两圈办”工作衔接携手，主动承接产业转移，促进产业聚集，推进工业化进程。

二、关于“一抗三保”工作情况

会议认为，市政府对我市“一抗三保”工作的通报客观全面，工作及时得力。我市自2010年8月至今，已持续26个月少雨，全市陷于降雨量少、蓄水能力不足的困境。长期的旱情，使我市的工农业生产遭受巨大损失，城乡居民生产生活用水出现重大危机。面对旱情，市委、市政府把抗旱救灾作为最大的政治任务来抓，实行抗旱工作责任制，及时协调用水矛盾，维护了社会稳定；千方百计筹措资金挖井抗旱，先后启动应急供水一、二、三期工程，确保城乡人畜饮水；多措并举，千方百计抓生产，将旱灾损失降低至最低限度，彰显了“人民政府为人民”的执政理念。对于市政府下一步的抗旱工作，会议认为，市委市政府要充分做好旱情继续恶化的准备，加快实施应广城区供水管网对接工程，确保城乡居民饮水不出现大的问题。政协常委们纷纷表示：政协组织上下要把抗旱工作作为最重大的民生问题予以关注支持。一要做好宣传。大力宣传市委、市政府及相关部门为抗旱救灾工作付出的艰苦努力，同时通过政协委员倡导发动全民节水活动。二要做好群众情绪疏导工作，主动化解因此引发的矛盾纠纷。三要全力支持参与应广城区供水并网及相关设施应急工程建设。

会议建议：

一是深入调研，科学规划。从 2010 年“7.17”洪灾到目前持续 26 个月的旱灾，广水的教训是深刻的。如何未雨绸缪、化被动抗灾为主动抗灾，切实改变“头痛医头、脚痛医脚”的被动局面，值得深思。市委、市政府及相关部门应结合广水市情，通盘考虑水利设施建设及布局，科学规划水利工程建设。同时要加强对城乡供水、排水、节水、污水处理及再生利用的统筹规划，切实提高全市抗旱防洪能力，确保水利基础设施能经受住特大干旱及洪水的考验。

二是痛定思痛，大兴水利。要面对我市农业抗灾基础还十分薄弱这个现实，利用秋冬空闲有利时机，大兴水利。一要把解决人畜饮水放在最为紧迫的位置，积极向上立项争资，加快应广城区并网供水工程进度，尽快解决广水城区及东三镇群众用水问题。二要统筹兼顾、广辟水源，年底前引导群众重点解决好村组“饮水井”问题，从根本上解决人畜饮水困难。三要利用好上级对口的“病险水库除险加固”工程资金，将有限的资金用在刀刃上，切实提高我市小Ⅰ、小Ⅱ型水库的抗灾储水能力。四要保证兴修水利的资金投入。本级财政每年的财政预算对此应有一定的倾斜安排。

三是主动应对，抗灾自救。我市连续 26 个月干旱少雨的异常天气，使工农业生产遭受了巨大损失。工业方面，部分骨干企业因为供水严重不足处于停产、半停产状态，企业效益同比下滑严重。农业方面，主要农产品水稻比正常年景少栽 8 万亩，且已栽上的也有 5.5 万亩歉收或绝收。这些损失将给城乡居民收入带来极大的不利影响。我们各级党委、政府应当正视现实，主动应对，拿出切实措施抗灾自救。一要早规划、早部署、早行动，迅速组织安排好秋冬作物的生产，特别是要扩大蔬菜等短季作物的种植面积。二要采取有效措施，加快土地流转，减少冬闲田，扩大秋冬播作物种植面积，督促乡镇、村，办试点、拿样板，把抗灾自救任务落到实处。

三要深入调查摸底，做好因灾缺粮特困户、困难户的救济工作，确保全市社会稳定。

广水市政协七届四次常委会议关于听取市政协七届一次会议委员提案办理情况的协商纪要

广协发〔2012〕12 号

2012年12月21日，广水市政协召开七届四次常委会议。会上，市委常委、常务副市长何庆海通报了七届一次会议以来提案办理情况。会议对此进行了认真协商讨论，提出了一些意见建议。纪要如下。

会议认为，今年以来，我市提案办理工作进展顺利，成效明显。突出的特点：一是政府领导重视。市政府切实加强对提案办理工作的领导，实行市长领办制度，明确主要领导任提案办理工作第一责任人，把提案办理工作列入重要议事日程，与中心工作同安排、同部署。二是承办单位得力。政府主要领导和承办单位 “一把手”，对重点提案亲自过问，直接办理，对所有提案办理加强督办，督促落实。所提 43 件提案中，目前已经落实或正在办理的达 38 件，落实率达 88.4%，是近几年来提案落实率最高的一年。三是政协履职有为。市政协建立完善了主席领衔督办、专委会联系活动组共同督办、提案委与政府督查部门联合督办、委员视察督办、积案跟踪督办、委员评议督办、提办双方面对面沟通等一系列提案督办制度，增强了提案办理质效。四是委员满意率高。一批群众关心、委员关切、领导关注的问题得到了有效解决或纳入市政府决策视野，受到了群众和委员的较高评价。答复率和见面率均达到 100%、满意率和基本满意率在 96% 以上，是近几年委员满意率最高的一年。基本做到了事事有人办，件件有着落。

会议指出，尽管 2012 年提案办理工作取得了一定成效，但与市政协委员和广大人民群众的期望相比还存在一定差距。一是提案在反映社会问题的广度、调查研究的深度、撰写的质量和格式的规范性等方面还有欠缺；二是人民群众关心关注的广水新火车站广场的管理、配套设施建设及周边环境问题、护城河河道侵占和城镇、农村安全用水等问题尚未得到彻底解决，提案办理的质效还有待进一步提高；三是受财力、管理权限等方面原因的限制，有些提案虽列入了办理计划，但尚待落实；四是有的承办单位对委员提案缺乏认真研究和沟通，影响了委员参政议政的积极性等。

会议建议，新的一年里，政协组织上下要把人民群众最关心、最直接、最现实的利益问题作为工作的出发点和落脚点，以提高提案质量为基础，以增强办理实效为目标，以提高服务水平为手段，以完善工作机制为保障，进一步加大提案办理工作力度，切实改进工作措施，努力将委员的好建议转化为政府及部门的决策和措施，推进我市经济社会又好又快发展。一要注重选题，提高提案质量。在提案选题上做到围绕中心工作与发挥自身优势相结合；反映情况与调查研究相结合；提出的意见和建议与客观现实相结合，找到党委政府力所能及与人民群众迫切需要的结合点。二要硬化措施，确保办理实效。围绕提案办理质量要求，限定办理时限，通过现场督办、跟踪督办、舆论督办、考评督办等形式继续加大督办力度，努力实现提案办理由答复型向答复落实型转变。三要突出重点，确保群众满意。各级政府和部门要把提案办理工作与政务督查、目标管理相结合，突出工作重点，加强提案的答复工作，对提案人反馈不满意的提案，要责成承办单位在规定时间内重新调研、重新办理、重新回复，直至委员满意。力求通过提案的办理，解决一批人民群众关心的热点、难点问题，推进政府各项工作提能增效。

关于印发风机产业集群调查报告的通报

广协文〔2012〕1 号

市政府：

前期，市政协组织部分政协委员对全市风机产业集群发展情况进行了专题调研，形成了《风机产业集群调查报告》，经市政协七届四次主席会议讨论修改，七届二次常委会议审议通过。现将调查报告予以印发，供决策参考。

政协广水市委员会
2012 年 8 月 13 日

广水风机产业集群调查报告

市政协风机产业专题调研组

按照市委市政府实施工业兴市战略和新型工业化要求，围绕“中国风机名城”建设，市政协常委会把加快风机产业发展的调研作为今年一项主要课题。市政协风机产业专题调研组于 5 月 7 日至 6 月 8 日深入到市直相关部门和企业进行了为期 1 个月的专题调研。在市政协主要领导带领下，调研组部分成员于 5 月 27 日至 6 月 1 日到江苏南通、安徽宁国等地学习考察了风机发展和工业兴市先进经验。经过调研，基本摸清了风机产业发展现状、存在问题，也听取了方方面面的意见和建议。现将调研情况报告如下：

一、广水风机产业集群发展现状

原湖北省风机厂创建于 1958 年，1972 年开始生产风机，是国家定点生产各类鼓风机、通风机的专业厂家，培养了大批技术工人和销售人员。2003 年，以湖北省风机厂改制为契机，广水风机产业开始裂变式扩张，发展了多家民营风机企业。现已初步形成以十里工业基地和广水经济开发区为重点的风机产业聚集区。今年 1 月 19 日，我市顺利通过中国机械工业联合会、中国通用机械工业协会风机分会专家组验收，荣获“中国风机名城”称号。

——产业规模快速扩张。近年来，市委市政府先后出台一系列扶持风机产业发展的政策措施，风机产业快速扩张，成为我市发展速度快、经济效益好、特色最鲜明的支柱产业。目前，风机制造规模企业 8 家，生产能力超过 50 亿元，形成了以省风机厂、双剑风机、中意机电为龙头，以天桥风机、微特风机、通用风机为骨干的产业体系。2011 年，8 家风机制造企业（即省风、双剑、中意、天桥、微特、通用、双河、应山）职工总数 2443 人，同比增长 19.6%，资产总额 11.7 亿元，同比增长 12.9%，固定资产投入 2.8 亿元，增长 59%，销售收入 21.5 亿元，增长 85%，其中省风、双剑销售额均过 5 亿；上缴税金 5000 万元，增长 80%，其中省风、双剑、中意纳税都过千万。销售收入占全国鼓风机、通风机行业市场份额 10% 以上，比 2005 年增长 6 倍。

——产业链条初具雏形。以风机制造企业为核心，初步形成了上下游产品配套的风机产业集群。目前，汇集了以鼎盛冶炼、金汇冶炼、华鑫冶金、创力铸造为代表的冶炼、铸件、电机、配电柜、电线电缆、电子元件等 34 家配套规模企业。生产风机所需的生铁、铸件 80% 由本地配套厂家供给；西门电机投资 5 亿元专门生产高效节能电机，预计今年 8 月投产，年产能可达 10 亿元，届时我市风机制造的多数配件将不用外出购买。产业链条不断延伸，聚集效应日益显现。2011 年，这些配套企业职工总数达 6670 人，实现销售收入 49.1 亿元，增长 22.3%，上缴税金 7000 万元，增长 25.2%。

——创新能力大幅提升。依托省级风机生产力促进中心，风机企业普遍建立了技术研发中心，加强与科研机构、高等院校的产学研合作、人才引进和培养。目前，双剑公司被认定为国家级高新技术企业，省风、中意、天桥被认定为省级高新技术企业，省风、双剑被认定为省级企业技术研发中心和博士后产业基地。近几年，全市风机行业共开展技术攻关 70 余项，其中 30 余项新技术、新工艺处于国内领先水平，获省级重大科技成果奖

15 个，省中小企业创新奖 2 个，技术发明奖 1 个，科技进步奖 7 个。我市环保型、节能型风机研制在全国占有优势地位，高原二氧化硫系列风机、耐高温风机材料填补国内空白，HTD 化铁炉离心鼓风机获全国科学大会奖，矿用风机获国家安全标志认证，两级二氧化硫低速高压风机技术被科技部列入国家技术创新项目。

——**市场竞争实力增强**。加快“走出去”步伐，积极参加机电产品博览会和展销会，广泛宣传、推介广水风机产品。全市 1000 多种型号的风机产品畅销全国 30 个省市区，山西、山东、四川等地的市场占有率超过 50%，部分风机产品在全国市场占绝对优势，造气风机、化铁炉风机分别占全国市场的 80%、90% 以上。

——**品牌价值逐步凸显**。大力实施名牌战略，加快质量体系建设和产品质量认证，鼓励企业争创国家级、省级精品名牌。目前，省风、双剑、中意、天桥 4 家企业通过 ISO9001 国际质量体系认证，“三峰”、“双剑”、“中意”牌系列风机均荣获“湖北名牌产品”；今年 4 月，“三峰”、“双剑”同时荣获“中国驰名商标”，实现了我市中国驰名商标零的突破。“双剑”牌系列风机荣获“中国知名鼓风机十佳品牌”，“中意”牌系列风机荣获“中国行业十大影响力品牌”。品牌效应逐步显现，市场知名度、美誉度不断提高，2010 年我市风机产业集群被省科技厅评为湖北省高新技术特色产业基地。

——**对外影响稳步扩大**。2011 年，在全国风机制造行业，我市风机产业集群综合实力排名第 6 位。在 2010 年中国通用机械实力评价活动中，评出了中国品牌风机供应商 50 强，其中省风、双剑、中意综合实力分列全行业第 23 位、24 位、38 位，广水是全国风机行业中唯一拥有 3 家 50 强企业的县市。省风、双剑被列为湖北省通用设备制造业“排头兵”企业。省风、双剑、中意为全国风机行业协会会员单位，其中省风为理事单位。双剑被列入湖北省重点辅导扶持类上市企业，省风被列入湖北省储备培育类上市企业。

二、广水风机产业集群发展问题分析

当前，全国经济都处在加快产业结构调整的重要阶段，中小企业发展面临的生产要素和资源环境约束不断增强。受后金融危机影响，在我国整体经济下行压力增大的形势下，我市风机企业也面临着订单减少、销量下降的压力，风机产业集群的发展面临诸多困难和问题。

1. 产业弱小问题。产业集群是指在特定区域中，具有竞争与合作关系，且在地理上集中、有交互关联性的企业、专业供应商、服务供应商、金融机构、相关产业的厂商和公共服务机构组成的群体。因其公共资源共享、配套比较完善，市场份额较大、比较优势明显，故有利于降低企业的生产和交换成本，具有较强的竞争力。对比一些已经定型成熟的产业集群，我市风机产业集群弱小问题显露无遗。一是产业规模还不够大。据业内人士介绍，全国风机产品市场规模在 500 亿元以上，我市风机产品市场份额仅为 4% 左右；单就通风机、鼓风机而言，市场占有率也只有 10%。二是产业链条衔接不紧。风机产业链条延伸拉长不够，相互依存的专业化分工协作的企业网络尚未形成，上游产品生产能力不足，风机企业每年外购铸铁、铸钢、铸铝等金属铸件，钢板、碳圆钢、槽钢、角钢、不锈钢等型材，轴承、电机、电控柜、增速器、稀油站、液力耦合器等配件共达 10 余亿元；下游产业链条基本断档，风机企业每年销售风机达 20 多亿元，配套企业每年销售规模达 10 亿多元，因产业集中度低，没有形成统一的物流市场，都是各自采购和销售，降低了价格谈判的话语权，增加了采购成本，减少了销售收入。三是产业园区尚未成型。由于历史原因，集群企业散落于工业基地、开发区、杨寨、马坪等全市 9 个乡镇办，难以充分发挥资源共享效应，对后续跟进企业项目的吸引力不大。

2. 人才匮乏问题。在知识经济下，企业竞争归根到底是人才竞争，企业的长远发展战略必然要求注重人才储备。而目前风机产业高层次专业人才、中层技术人员严重缺乏。全市风机制造企业仅有高级专业技术人员 93 名，且大多数年龄偏大、知识老化。人才引进难，留住更难，技术人员青黄不接，直接影响了风机制造企业技术水平的提升。近年来，省风、双剑共招聘大学生 170 人，如今只剩下 88 人，流失了近一半。企业虽然采取了提高员工待遇、在武汉设立产品研发中心、成比例招收男女大学生、优先录用广水及周边地区大学生等各项措施，但效果并不理想。主要原因：城市品位不高，公司位置较偏，居住环境较差，文化生活娱乐配套设施落后，不能满足青年人精神生活需求和自我价值实现。员工素质普遍较低，创业初期的老员工，凭经验生产，不易接受新生事物；后来招聘的工人，大多按传统的师傅带徒弟方式，没有采用先进的职业技术培训模式。预计5年内，广水风机行业需技术研发人员、熟练工人、市场营销人员约1600人，而目前人才储备总量不足100人，缺额1500余人。

3. 技术落后问题。企业要有竞争力必须具备技术创新能力。由于受到科研人员短缺、研发资金不足等因素制约，风机行业技术力量相对薄弱，生产设备档次较低，先进工艺装备不多，导致产品更新换代步伐较慢，高精尖产品不多。近年来，省风、双剑、中意平均每年投入科研经费占其销售额的2%左右；全市风机企业大型数据加工车床、机床、切割机等只有17台套。当前，大多数企业技术停留在上世纪90年代水平，风机产品总体处在中低档次，最高售价只有300万元／台，而国外高端大型风机售价可达5000万元／台。调研发现，10年前名不见经传而如今全国排名第10的江苏金通灵流体机械科技股份公司十分重视科技创新。该公司1993年开始生产鼓风机，2001年推出大型风机，2010年上市后，转向压缩机、汽轮机、太阳能光伏发电等高科技、高附加值产品。三次华丽转身，一年一个台阶，2003年销售收入首次过亿，2011年销售收入达7.4亿元，税收5000多万元。其每年科研经费投入占销售额的3.5%以上，今年有望达到3000万元。可以说，金通灵公司的发展历程就是不断创新的过程。与此相较，我市风机企业无论是创新意识还是科技投入，差距甚远。

4. 品牌意识问题。在经济全球化的今天，品牌已成为市场竞争的核心。商标是品牌的载体。综观全市风机及配套企业，多数商标意识不强，主要表现在重生产经营，轻知识产权积累；重专利技术申报，轻商标注册申请。部分企业至今还没有注册商标，仍然停留在模仿、偷用别人商标的原始阶段。近5年来，我市风机企业商标侵权事件达7起，主要是仿冒“三峰”、“双剑”等名牌产品，处罚金额共计15.6万元。导致商标侵权频发是由于企业的商标注册意识和管理水平较低；经营者当中存在浑水摸鱼、损人利己的投机心理；由于受人为因素干扰，处罚力度不大，仿冒名牌风险低、利润高。商标侵权事件影响我市风机企业在市场竞争中的独特性和独创性，制约企业通过创新能力来获得市场，损害我市风机行业品牌形象。质量是品牌的灵魂。风机企业质量意识普遍不强，都没有引进先进的质量管理模式。广告是品牌的传播。酒好也要勤吆喝，多数企业不注重广告宣传，报刊、电视等媒体很难看到广水风机的宣传画面，少数企业网站几年没有更新；除业内人士外，风机品牌远没有达到家喻户晓的程度。

5. 行业管理问题。当前，我市风机企业由于产品雷同、销售区域相互叠加，为了争夺市场竞相压价、相互残杀的现象十分突出。据调查，普通风机正常价格应该在每吨 2 万元，但有的企业将价格压低至每吨 1 万元以下，而风机原材料铸铁价格为每吨 7500 元。我市风机企业为此深受其害，据称，省风公司每年由此造成的直接经济损失上千万元，严重破坏了市场秩序和风机企业健康发展。横向比较，金通灵公司去年销售额虽然只有我市 8 家风机企业销售总额的 34.4%，但税收总额比我们还高。纵向比较，从税负率看，10 年前风机企业平均税负率达 10%，如今平均税负率不到 5%；从利润率看，10 年前风机企业平均利润率达 30% 以上，现在平均利润率不足 10%，有的不到 5%。目前风机行业协会所处地位尴尬，几乎没有发挥行业自律作用，不能有效制约风机企业恶性竞争。

6. 资金困难问题。我市风机企业属于资本密集型企业，要使风机产业有所作为，取得突破性进展，必须投入大量资金作支撑。而我市风机集群企业普遍面临着贷款难、担保难、财政带动机制缺位等诸多问题。去年底我市金融机构存款余额达 151.4 亿元，贷款余额只有 39.9 亿元，存贷比仅为 26.4%，而宁国金融部门存贷比达到 120%。存贷比之间的巨大差距，客观上反映了我市金融生态失衡、经济发展失血的严重程度。首先，在企业自身层面。相当一部分企业仍停留在“夫妻店”、“父子兵”的管理档次，连基本的财务管理制度都不够健全，现代企业管理制度更是奢谈，如此状况自然难以达到金融机构的信贷准入门槛。全市近 200 家规模工业企业能得到银行授信和实际信贷投放的企业仅为 10% 左右，便是这一问题的突出反映。其次，在金融机构层面。传统的坐等客户上门求贷的营销模式改观不大，在服务地方经济乃至主动帮助企业规范管理、培植优质客户、实现双赢发展方面探索尝试不够，加上“零风险”意识的束缚，致使多年来金融机构对工业企业的放贷一直裹足不前，难以突破。观察各家银行工业放贷投向，发现所有金融机构几乎都盯住 10 来家优质企业，授信相互重叠，营销争夺异常激烈，而绝大多数企业却求贷无门，难以正常运营，更别谈成长壮大。目前，金融部门对风机制造企业授信 1.81 亿元，实贷只有 7210 万元，主要集中在省风、双剑、中意、天桥等骨干企业。第三，在政府引导层面。一是激励引导措施成效不大。近几年，市政府为激励金融机构加大对地方经济的支持力度，制订了奖励政策，且每年拿出数十万元的资金兑现奖励，但收效甚微。如何使文件发挥应有作用，尚需加强针对性研究。二是信贷中介评估费用过高。对此，市政府虽专门作出了按收费下限 20% 标准执行的硬性要求，但在实际执行中并未得到落实，致使企业信贷成本一直居高不下。三是中介担保不力。全市中介担保机构数量少、实力弱，发挥作用不大。去年 6 月正式营业的泰成担保公司是我市唯一的担保公司，目前仅为企业担保 6400 万元，政府 900 万元的出资额至今没有到位，而随州市有担保公司 20 家。四是支持企业上市力度不够。上市公司通过融资和再融资，带来资金的乘数效应，可以减少对银行贷款的过度依赖。一个地方上市企业的多少，与政府的支持力度大小成正比，宁国市 177 家规模企业中，上市公司达 5 家。当前双剑、省风 2 家上市后备企业因补缴历史欠税、五险一金等各项费用，若成功上市每家共需增加额外开支 5000 多万元，普遍感到资金压力大，急需政府帮助渡过难关。

7. 环境不优问题。近年来，市委政府花大气力整治发展环境，明目张胆的吃拿卡要虽然大幅减少，但明拖暗抗、消极应付的现象十分突出。当前，我市对中小企业扶持政策的执行力和连续性不够，存在“新官不理旧事”现象；企业家反映的问题重视不够，久拖不决，直接打击投资者的信心，甚至萌生搬离广水、另择高枝的念头。政府部门服务企业发展的力度不够，帮助企业解决实际困难较少；一些部门漂在面上、流于形式，遇到问题绕道走、踢皮球。客观上，由于财政实行差额拨款，有些单位存在收费养人问题；主观上，官本位思想严重、服务意识较差，存在管理就是“管你”，执法就是“执罚”的错误认识，导致“三难三乱”现象屡禁不止。

三、广水风机产业集群发展对策建议

当下，县域经济竞争日趋激烈，其实质乃特色产业竞争。风机产业集群作为我市发育初步成型、有一定知名度和影响力的产业，其发展事关广水的未来，必须通过服务、管理、政策等诸方面的创新引导，完善产业链条，放大比较优势，扩大知名度和美誉度，增强市场竞争力，以提升广水经济的整体实力。要举全市之力，通过政策倾斜、财政支持，将各种优势资源、要素向风机产业聚集，加大招商引资力度，扩大产业规模，力争5年内产业集群实现销售收入200亿元以上，上市公司2–3家，让中国风机名城实至名归。

1. 加快风机产业扩张。只有量的积累，才有质的飞跃。要成立风机产业集群发展领导小组，专题研究风机产业招商和发展问题，对现有风机集群企业发展困难采取一对一的帮扶服务。要迅速制定并出台风机产业集群发展规划和促进风机产业集群转型升级的实施意见。一要打造产业园区。以省风、中意公司所在地为端点，以胜利路－应山河为轴线，北起十长路、南至麻竹高速，大手笔规划、高标准建设中国风机城，发挥资源共享效应，形成区位品牌；采用BOT模式，引进风险投资者包装推销风机城，通过建立交易市场，使之逐渐成为全国风机及其配套产品集散中心；通盘考虑并积极引导中介、金融、培训、科研、物流、商贸等配套服务要素进驻风机城，为产业集群提供全方位服务。二要完善产业链条。在风机城建立风机配套企业生产基地，既可为风机产业发展壮大配套，又可吸引更多的客商投资。着力引进铸铁、铸钢、铸铝等金属铸件，钢板、碳圆钢、槽钢、角钢、不锈钢等型材，轴承、联轴器、电机、汽轮机、电控柜、增速器、稀油站、液力耦合器、仪表、皮带、阀门等配件，机器零件、电子元件、电线电缆、润滑油、油漆等关联企业项目落户风机城，实现高品质、大批量、规模化生产，拉长加粗产业链条，构建上下游产品配套、协作紧密的产业集群；引进战略投资者并通过资本运作，在风机城建立风机产业集群物流中心，逐步实行集中采购和销售，每年可节约采购成本10%以上即近亿元的成本，通过维护正当的销售价格，提高销售收入10%以上即2亿元的收入，将大幅提高我市风机产业的整体效益，有力促进我市风机产业集群跨越发展。三要引导产业聚集。出台优惠政策，促进现有的部分风机配套企业向风机城集中，有利于提高整体竞争实力，加强企业有效合作，增强企业创新能力。

2. 加强人才培养引进。擦亮“中国风机名城”名片，在全国范围内大力宣传推介，出台优惠政策，吸引各类专业技术人才汇集广水，协力推动风机产业集群发展。一要帮助建立人才培养机制。鼓励企业到高校和国内外同行业中引进人才和“双休日工程师”，定期选拔优秀员工到高校学习培训，注重人才培养和储备，对引进培养高端科技人才的企业给予一定的财政补贴；建立订单定向培养技术工人机制，实施产业工人5年培训规划，根据集群企业用人需求，每年确定一定数量名额，从应往届中学毕业生中定向招收有志青年，签订培养就业合同，送往职校进行专业技能培训，给予生活补贴，毕业后直接到指定企业就业。还可探索把省风、双剑等企业作为周边职校的实训基地，增强对技术工人的吸引力。二要支持建立现代企业制度。指导企业引进先进管理模式，加强企业文化建设，完善竞争激励机制，培植团队精神，增强公司凝聚力，让人才感到企业兴衰、我有责任，用公开透明的制度、公平晋升的事业、公正合理的薪酬、关爱员工的情感、求才若渴的态度留人。三要提升城市生活品位。加快金鸡河水库、火车站、应广公路升级、政务新区、应山大道等基础配套设施建设，大力整治生态环境；重视发展休闲、娱乐、文艺、体育等产业，每年举办一次风机文化节；规划建设专家楼，合理布局保障房，营造生活归属感，用绿色宜居的环境留人。

3. 加速产业转型升级。坚持市场导向、企业主体、政府主导，以扩张总量、调优结构、创新发展为目标，推进转型升级。一要提升技术水平。鼓励企业加大科技投入，强化企业间技术合作，开展联合攻关。由政府组织协调，在风机城组建风机产业集群技术研究服务中心，创新经营管理和运行机制，实行产学研相结合，试行风险投资、技术入股，减少或规避研发风险，为全市集群企业技术研究、产品开发、产业提档升级提供定向有偿服务。实施科研投入资助计划，让更多的企业在财政科研经费资助下成为创新主体，即对科研经费投入占销售收入3%以上或采购国内外大型高端数控设备的企业，市财政均应给予其一定的投入资助，引导企业加强技术改造，提升装备水平，在中低端产品基础上向高端产品、高效节能产品进军，如在附加值高的压缩机、高端风机、罗茨风机等领域研发上取得突破，从资本密集型、劳力密集型向技术密集型产业转变。支持企业申报高新技术和创新型企业，对获得国家级高新技术和创新型企业的给予奖励。二要放大品牌效应。建立政府主导、部门主推、企业主创、社会参与的品牌战略。树立商标就是企业代名词的理念，增强商标注册意识；严厉查处商标侵权事件，对获得知名、著名、驰名商标的企业落实奖励政策，激励企业提升商标档次。引进先进质量管理模式，实施卓越绩效评价准则，提高经营质量；建立质量兴企的政府促动机制，由政府牵头，在风机城组建服务于全市所有集群企业的产品检验检测中心，提高技术检测能力，推进名牌发展战略，引导企业提高产品质量。策划创意广告，把风机品牌宣传注入广水元素，叫响风机名城；除平面媒体外，要注重电视、网络宣传，建立企业网站，及时更新网页，指导企业加强广告宣传。三要规范行业管理。尽快完成风机行业协会换届工作，进一步完善自我管理、自我约束功能，充分发挥行业自律和监督作用，制定并协商通过行业自律公约。帮助组建风机企业联合体，作为各风机企业的议事协调机构，制定统一的行动纲领，实施异质竞争战略，使之扬长避短、优势互补、错位发展，避免同质竞争、两败俱伤。

4. 加大资金支持力度。通过多种途径，有针对性地帮助企业解决资金困难问题。一要坚持不懈地抓好企业管理创新，提高企业管理水平。金融机构“嫌贫爱富”的逐利性质决定其只会“锦上添花”，不可能“雪中送炭”。要想赢得银行信贷投入，企业做好自身永远是关键前提。要全方位推进企业财务、质量、现场、营销、信息化等诸方面的管理创新，持之以恒地帮助企业推进管理达标，实施“强筋提质”工程，培植一批优质骨干企业。二要优化金融生态环境，激励金融机构加大对地方经济的支持力度。全面清理信贷中介收费项目，坚持收费下限20%的标准，加强督办，切实降低信贷成本；现有担保公司的政府出资额要尽快到位，重视培植引进新的担保公司，形成竞争态势，充分发挥融资服务功能；综合考虑存贷比、信贷增加额、贷款增长率等因素，有针对性的引导金融机构加大对我市经济建设的信贷投放力度，建议政府组织相关人员到宁国专题学习考察，尽快出台鼓励金融机构支持广水经济发展的考核办法。三要支持企业上市融资，促进企业优化资源配置。借鉴宁国先进经验，制定优惠政策，鼓励企业上市：对企业上市过程中，补缴历史欠税的地方财政实得部分补贴给企业，用于支持企业发展；激励企业加快申报上市步伐，对处于培育期、辅导期和受理期的上市后备企业分别给予费用补贴。抓紧处理老风机厂土地，以缓解 2 家上市后备企业的资金压力；解决部分风机企业土地证问题，为抵押贷款扫清障碍。

5. 优化企业发展环境。一方面，要在全社会营造浓厚的崇商人文环境。通过每年评选十大创业明星、优秀企业家，定期推出位列前 10 的纳税大户排行榜，广泛宣传他们勇于创造社会财富、敢于担当社会责任的先进事迹，引导全社会尊重创业者和企业家，形成“安商、扶商、敬商”的良好社会风尚。在涉及经济工作会议上，主席台上应有企业家的位置。另一方面，通过培育责任文化，淡化官本位思想，强化服务意识，建设高效、快捷、执行力强的政府。打造帮办服务品牌，重点查处典型案件，领导要带头真诚主动为企业办实事、解难事，为企业发展保驾护航。

关于印发《广水市近三年乡镇观摩项目情况的调研报告》的通报

广协文〔2012〕2号

市委、市政府：

前期，市政协组织部分政协委员对全市近三年乡镇观摩项目情况进行了深入调研，形成了专题调研报告，经七届三次常委会议审议通过。现予以通报，供决策参考。

政协广水市委员会

2012年10月30日

广水市近三年乡镇观摩项目情况的调研报告

市政协调研组

为准确掌握我市乡镇项目建设现状，客观评估2009年以来乡镇观摩项目运行情况，更好地向市委市政府在完善督办机制、加快项目建设进展、提高招商引资质效等方面建言献策，7月18日至7月28日，市政协抽调23人组成4个组，由4位副主席带队，分赴17个乡镇办事处，对乡镇观摩项目进展及实效情况进行了专题调研。现将调研情况综述报告如下：

一、乡镇项目观摩由来和本次调研基本情况

项目建设作为经济发展的主抓手，一直被市委、市政府高度重视。2002年，市委、市政府借鉴外地经验，正式启动乡镇项目观摩这一全新的考核评价机制，其目的就是通过项目建设展示发展成果，在乡镇间设置比学赶超的大擂台，促进广水经济快速发展。2011年以前，观摩频率每年一次，

从 2011 年开始，市委决定每半年一次，观摩和评分人员主要是四大家领导、全体市委委员、候补委员、法检两长，享受副县级待遇的在职领导，市“四大家”办公室主要负责人，各乡镇办事处开发区党（工）委书记。评分突出新工程、新项目、新企业，实行“百分制”考核，要求每个乡镇每次必须有 3 个项目纳入观摩，每少一个项目扣 30 分，若在不缺少观摩项目前提下，则评议总分不低于 70 分、不高于 100 分。

纳入本次调研的是 2009 年至 2011 年三年间共 133 个乡镇观摩项目。为了便于调研分析，将其粗略分成了四大类别，并分乡镇、分年度进行了归类，其中工业项目 51 个，新农村和集镇建设项目 47 个，种植养殖业项目 10 个，其他项目 25 个；从各乡镇来看，分别有十里、长岭、陈巷、骆店、城郊、吴店 6 个乡镇办每年都是新项目纳入观摩，其他乡镇每年都分别有 1—2 个项目以老项目新发展的缘由被重复观摩，重复观摩项目大都以工业、新农村和集镇建设项目为主。

调研采取了实地察看、问卷调查、会议座谈、指标核实等方式，先后座谈乡镇干部 44 人、人大代表 29 人、政协委员 37 人、村社区干部 26 人、企业负责人 35 人，发放和收回各类调查表 139 张，发放观摩调查问卷 300 份，收回 281 份，收到意见和建议 217 条。

二、对乡镇项目观摩考核机制的基本估价

通过对乡镇观摩项目深入剖析，跟踪评估，大家普遍认为，推行乡镇观摩这一督办考核机制，促进了乡镇招商引资、项目建设和市域经济发展。

1. 加快了乡镇工业发展。一是扩大了乡镇工业规模。三年间 51 个工业观摩项目约定投资 410670 万元，实际到资 291620 万元，占约定投资额的 71%；比新农村和集镇建设项目、种养殖项目实际到资额分别高 69 和 4 个百分点。工业项目的大投入带来了工业规模的大扩张。2009 年底，有 18 个观摩工业项目投产，创产值 109219 万元；到 2010 年底，有 28 个观摩工业项目投产，创产值 246725 万元，比上年增长 125%；到 2011 年底，有 37 个观摩工业项目投产，创产值 543108 万元，比上年增长 120%。2009 年我市规模企业 173 个，2010 年 192 个，同比增长 11%，2011 年 197 个，同比增长 3%。而在同期乡镇观摩项目中，2009 年进规模企业的有 20 个，

2010 年有 30 个，同比增长 50%，2011 年有 35 个，同比增长 17%（具体情况见附表一）。二是增加了工业项目税收。乡镇观摩工业项目 2009 年实现税收 4641.64 万元，2011 年实现税收 8341.05 万元，比 2009 年增长 79.7%（具体情况见附表二）。

2. 促进了农业产业提升。一是培植了乡镇特色，壮大了产业规模。广办、十里一手抓工业壮大，一手抓农业发展，王鸽养殖分别达 15 万对、20 万对。北三镇香菇种植达 7000 万棒（袋），郝店生猪养殖达 10 万头，成为全市生猪养殖第一镇。武胜关围绕 107 国道做文章，发展功能蔬菜 1300 多亩。吴店的东河反季节蔬菜、杨家坳太空蔬菜种植，以及骆店的天堡寨油茶基地、余店长岭岗生态林基地也有一定特色。二是培植了产业化“龙头”企业，带动了农民兴业致富。吴店、太平、李店、骆店、郝店、蔡河、关庙等乡镇立足产业优势，引进了一批生产与加工相结合的农业产业化项目，带动农民创业致富。十里金阳鸽业在不到 2 年的时间已带动千对以上养殖户 20 户，户平增收 3 万元以上。太平乡引进了集鸭苗孵化、肉鸭养殖、屠宰加工于一体的农业产业化项目，年产值 2000 万元以上，为当地提供 120 多个劳动就业岗位。该乡还在七里冲建设占地 30 亩的生态农业示范区，形成土猪养殖、无公害油茶、有机鱼精养、吉阳大蒜原种繁育四大基地，年销售收入达 800 余万元，带动了周边农村种养殖业的发展。

3. 推进了城乡一体化进程。三年来，全市 47 个新农村和城镇建设项目实际到位资金 8.5 亿元，高投入保证了城镇建设的工程进度和质量，促进了城乡一体化和城镇化的进程，据调查，2009 年我市城镇化率为 32%，2010 年上升为 36%，2011 年达到 41%，三年提升了近 10 个百分点。一是加快城镇建设步伐，各中心镇区承载功能大大增强。坚持以规划为龙头，以产业为核心，加快城镇经营步伐，全面推进水电路讯等基础设施提档升级，城镇承载功能不断增强。长岭围绕创建旅游名镇，加快建设新政府办公大楼、旅游购物一条街、生态停车场、旅游风景区，新区框架全面拉开。余店用现代理念建设集镇，对“一河两岸”实施硬化、绿化、亮化、美化，打造高品位休闲景观带。陈巷高标准建设政府办公楼、文化广场，造亮玉带河“一河两岸”景观，彰显城镇魅力。杨寨坚持将新型集镇化、新型工业化扭在一起抓，建设高档城镇新区，走出了一条跨越式发展之路。广办以完善城区功能为契机，配套完善了芦兴大道、西河路，城市品味不断提升。李店沿“三纵五横”建设徽派建筑，城镇面积扩大了一倍。吴店加快城镇经营步伐，大手笔建设双汇大道，城镇形象大为改善。蔡河大气魄建设金星大道，城镇规划面积扩大2平方公里。骆店立足“城市近郊、对接融入”理念，大力建设金鑫商贸街，增强承载聚集功能。马坪大力实施街道立面整治改造，创建特色饮食一条街，提升了城镇档次。二是突出基础设施建设，涌现了一批新农村样板。各地按照产业发展、镇村建设、生态环境“三位一体”的要求，通过资源整合、完善配套、迁村腾地等措施，积极推进村湾集并，加强农村基础设施配套，不断提升品位，建设宜居新村，村级面貌焕然一新。沿牛程线，蔡河的老虎岗村、郝店的凤凰村、吴店的东湾村，形成“一线穿珠”新景观。沿316国道、十长线，马坪胡家岩村、城郊的富康村、十里清水桥村，形成“城村比翼”新景观。沿杨平线，陈巷吴氏祠村、李店应店村、杨寨的方店村，形成“农村社区”新景观。吴店、郝店、骆店、陈巷、李店、太平等乡镇争取高产农田改造、亿斤粮食能力建设、水库除险加固、小农水、畜禽养殖等项目资金，推动了水电路讯等基础设施大改观。

4. 促进了干部作风的转变。乡镇观摩既是乡镇自我展示的大舞台，更是相互比拼的大擂台、相互竞赛的大考场，有力促进了干部作风的转变。一是促进乡镇领导主动谋发展。乡镇领导普遍认为，乡镇观摩是一道必考题，是骡子是马，年底都要拿出来溜一溜。绝大多数党委书记和乡镇长都感到坐不住、等不起、慢不得，时刻都在想项目发展之事，形成了“思发展、谋发展、抓发展”的浓厚氛围。二是促进乡镇干部主动抓发展。许多同志在座谈时直白地说：市委市政府通过观摩逼着乡镇主职干，乡镇主职又天天擂着我们去落实。十多年的观摩，形成了上级抓下级，一级抓一级，层层抓落实的联动效应，促进乡镇干部全身心地投入到招商引资和项目建设上。

整个问卷调查中有47.3%的调查对象认为观摩还有美中不足的地方，并提出了217条建议和意见。通过综合分析，我们认为存在以下不足：

（一）观摩项目质效普遍不高

主要表现在以下三个方面。

1. 项目投资到位缺口较大。有的地方为了应付观摩，去“拼凑”项目，对招引项目把关不严、论证不足就仓促上马，导致项目后期资金到位难。有的客商利用乡镇领导“观摩争先心理”，对项目投机“包装”，以小报大，以劣充优，以谋取政策优惠，尽量占用超过企业自身发展所需的土地等资源。这些项目中，大都是框一片土地，打个围墙，建幢厂房，迟迟不能投产，有的即使勉强投了产，所谓二期、三期投资总是遥遥无期，成为半拉子工程。截止今年7月底，在133个项目中，尚未投产、完工或已停产的项目有51个，占比38%；其中工业项目20个，占比15%；新农村和集镇建设项目19个，占比14%；目前投资仍未到位的项目有70个，占比53%；已投产或完工的82家项目中，有38家承诺的投资不能到位，占比36%，投资基本到位且已投产或完工的项目仅44家，仅占观摩项目的33%（具体情况见附表三）。

2. 观摩项目质量不高。2009年至2011年三年间，我市乡镇观摩企业大多集中在简单加工生产环节上，技术装备水平低，产品质量、附加值、产业关联度低。企业规模小，技术人才少，生产工艺落后，自主创新能力不足，缺乏发展后劲和核心竞争力。据统计，本次调研的乡镇观摩企业中，投资过亿的仅7家，且除华鑫冶炼等个别项目为新项目外，其他均为老项目。获得国家级驰名商标只有“双剑”和“三峰”2家老风机制造企业，获得省级著名商标的只有奶狗面业等3家，在这5家企业中，没有一家是新项目。在133个观摩项目中，未办理环评手续的有93家，占比69%。未注册商标的60家，占比45%。10家种养殖项目中，无产值、无利润有3家，占比30%。

3. 观摩项目税收贡献不大。一是纳税的项目少。在133个观摩项目中，仅有40个项目在产生税收，占比30%。“零税收”的项目达93个，占比70%。二是纳税额度小。133个观摩项目三年总税收为15443.38万元，占全市三年税收收入的6.6%。三是新项目纳税少。三年来观摩项目中老项目纳税13458.25万元，占观摩项目三年总税收的87.1%。观摩项目中新招引的企业纳税1985.13万元，占观摩项目三年总税收的12.9%，且华鑫冶金一家纳税额就达1885.91万元。四是项目税收不均衡。尤其农业项目和第三产业项目税收贡献少。三年来的农业和第三产业等观摩项目有72个，占观摩项目总数的 54%，但能贡献税收的项目仅有 1 个，所创税收仅 1300 元（具体情况见附表四）。

（二）观摩活动存在形式主义倾向

一是观摩场面过大。一方面，观摩团的成员和车辆相对较多，本来就是一笔不小的成本，而在到达观摩地点后，部分观摩团成员因为队伍庞大而并未尽其责，存在观摩成员到观摩点连车都不下的情况；另一方面，各乡镇为了体现重视程度及多挣印象分，在迎检接待上使出大手笔，拉横幅、挂彩旗、请解说、摆水果、比烟酒、送特产等，这些与项目无关的费用动辄数万甚至十几万，劳民伤财。

二是观摩频率过快。从 2011 年起，市委决定每半年观摩 1 次。从调研的情况看，一个企业从意向、协议、规划、征地、建设、投产，建设周期半年内几乎不可能完成，城镇建设、新农村建设、农业项目建设周期则更长，除非乡镇提前 1 年规划观摩项目，否则半年观摩看到的大多是开工项目，较难看到投产的企业。半年观摩牵扯了乡镇领导大部分的精力，难以兼顾全镇经济社会的统筹发展，难以保证项目实施的经费和效果，也在群众中带来一定的负面影响。同时也会促使部分乡镇脱离实际为观摩凑项目、建企业，观摩时热热闹闹，观摩后冷火熄烟，甚至成为负担包袱。因此，观摩时间间隔较短，是大家反映比较集中的问题。

三是观摩评议人情过浓。本市地域不大，自古人情甚浓，倚重情面渗透到了生活的方方面面，乡镇观摩项目考评打分过程中不同程度地存在人情票的问题，不但使现有考评机制不能完全体现各乡镇的实际工作，影响了观摩结果的客观性、公正性，产生了“人缘关系比实际政绩更重要”的错误导向，从而使一些领导功夫下在工作外，把主要精力放在人际关系处理上，败坏了社会风气。

（三）观摩评价方式不尽完善

一是“一把尺子”衡量，忽视特色差异，有失公平。各乡镇的产业基础不尽相同，发展模式和取得的效果也存在差异，而乡镇观摩的评分采用的是“一把尺子”衡量，对经济基础较差、区位不优的乡镇显得比较苛刻，难以客观反映乡镇领导干部的决策水平、工作能力和身心付出。“泥鳅鳝鱼一般长”的衡量标准，挫伤了部分基础薄弱乡镇的积极性。相当一部分同志认为，市委、市政府在组织乡镇项目观摩工作中，要因地制宜，提高突出彰显当地产业特色项目的评议分值，注意区别对待，各有侧重。

二是只看新项目，忽视老项目，有失公信。乡镇观摩形成了看新不看旧的模式，部分观摩项目看了以后就束之高阁，任其发展。在调研中，部分企业主反映，自观摩以后，各级组织把精力转移到招引新企业、发展新项目上，到企业走访明显减少，对项目后续的发展关注不是很多。涉及企业发展的用水、用电、融资、物流等难题破解较慢，有损政府公信力。不仅没能真正体现出观摩机制促进发展的价值，还助长部分地方和企业为了应付观摩想歪招、走捷径的不正之风。

三、意见和建议

据对调查问卷的统计，95.3% 的人认为观摩是有必要进行的，但有待进一步改进。为完善乡镇观摩考核机制、加快项目建设进展、提高项目运行质效、促进县域经济发展争先进位，特提出以下建议：

1. 观摩要务实节俭。一是观摩频率要适度。项目建设具有周期性，而且一般一个项目从引进到投产需要一年以上时间，半年难以保证项目实施的效果。因此半年观摩一次，时间太紧，压力太大，人力物力财力长期都集中到观摩上，乡镇难以集中精力谋发展，影响了各项工作正常开展。这次问卷调查，对于观摩频率，62% 以上调查对象认为乡镇观摩一年一次较为适宜。二是观摩活动要节俭。要进一步严肃组织纪律，坚决杜绝不必要的“花架子”，严禁各地印制眼花缭乱的宣传册、挂历等，严禁向观摩人员赠送土特产，确保整个观摩活动风清气正，务实高效。

2. 调整观摩和评分人员。一些调查对象认为，过去我市乡镇观摩的考评工作大多是在体系内部相对封闭进行，考评人员比较单一，考评方式主要是由上而下，缺乏群众和经济主管部门的参与和监督，其考评结果与社会公众感受认同存在一定差距。参与问卷调查的 281 人群中，有 166 人建议，在“四大家”领导、乡镇主职参入观摩评议的同时，还要有一定比例的人大代表、政协委员参与。综合大家的意见，在人员方面，调研组建议应在三个方面进行完善。一要控制数量，优化考核人员结构。参与观摩的考核人员应控制在 60 人左右，具体包括：四大家领导，乡镇主职，统计、招商、税务等单位负责人和“两代表一委员”等。二要认真挑选，严格考核人员标准。由市委办、人大办、政协办分别在全市党代表、人大代表、政协委员中各挑选出 20 名综合素质高、原则性强、代表性广的优秀候选人，供市委观摩项目领导小组挑选。三要客观公正，做到观摩与评议人员分离。在参入观摩对象中，四大家领导、统计、招商、税务等单位负责人和“两代表一委员”参与评分，乡镇主职只参与观摩学习，不参与评分。

3. 细化考评办法。一是每个乡镇自选 2 个项目申报，体现地域特色。各乡镇在服务全市经济跨越发展的过程中，有着特色迥异的自身定位和发展理念。年初由各乡镇将本辖区的优秀特色项目，形成详细书面材料申报，市委观摩考核小组在甄别其“可行性”、完成审批后纳入当年观摩项目库。二是指定 1 个项目观摩，突出统筹发展。按照省十次党代会提出的“三化同步”、“两增同步”要求和市委第七次党代会战略部署要求，通盘考虑全市和各乡镇五年规划和中长期发展规划，根据乡镇类别的不同有侧重地每年给每个乡镇指定一个观摩项目。三是项目要量化细化。观摩项目实行百分制考核：市委指定的 1 个观摩项目为 40 分，乡镇自选的两个项目各 30 分。四是实行分类排名。将经济基础较强、地域优势明显、发展工商业为主的乡镇归为一类，将余下以农业生产为主、地域偏远、发展优势不明显的乡镇归为一类，两类分别进行排名，尽可能避免因客观因素造成的考核不公，最大限度地提高各乡镇的积极性。

4. 强化项目跟踪管理。对于观摩过的老项目，一要成立老项目跟踪管理小组和工作专班。领导小组由分管领导挂帅，市统计、招商、税务等单位负责人组成，工作专班建议从市委、政府督查室、帮扶办、考核办、电视台等现有机构中抽调优秀干部组成，利用其工作职能专事专办。二要建立“回头看”工作考核机制。“回头看”每年一次，时间上比乡镇观摩早一个月左右。由工作专班深入到各乡镇、各项目现场调研，到统计、招商、税务等单位了解核实产值、税收、到位资金等各项指标，全面了解掌握项目运转情况，撰写调研报告，并将各项目情况制作成录像资料，在当年乡镇观摩评分现场播放，分乡镇、分项目逐一讲解，供观摩人员评分参考。

5. 积极利用观摩成果。一是积极利用观摩成果，提高项目运行质效。对新项目观摩和老项目调研所反映出的情况要进行总结。对发展好的项目要总结成绩，学习经验；对进展慢、效益差、甚至已停产的项目要分析原因，查找问题；对有困难的，要扶上马、再送一程，可参照市委“一驻四挂”制度模式，要求乡镇主职和市直相关部门“对症”帮扶，帮助企业破解发展难题，促其发展壮大；对长期不投产、长期不能发挥效益的项目，要采取经济、法律手段、实施跟踪问效。二是积极利用观摩成果，提高乡镇班子干事创业热情。要严肃对待考评成绩，把考核结果作为乡镇领导班子年度考核、实绩认定、选拔任用、评先表模、岗位交流的重要参考依据之一，并将考核结果以电视、网络、公告栏等形式予以公示，形成干事创业、争先创优的良好工作氛围。

附表一

2009 年—2011 年全市规模企业变化情况表

类别＼年度	2009	2010		2011	
		数量	增幅	数量	增幅
规模工业企业总数	173	192	11%	197	3%
新增规模工业企业数	21	24	14%	41	71%
比上年净增规模工业企业数	13	19	46%	5	−74%
乡镇观摩工业企业中规模企业数	20	30	50%	35	17%

说明：规模企业是指投资额过 500 万元以上的企业，2012 年开始统计口径变为年主营业收入过 2000 万元的企业界定为规模企业。

附表二

2009—2011年工业观摩项目分乡镇产值税收统计表

乡镇＼内容	项目数量（个）数	产值（万元）				税收（万元）			
		2009年度	2010年度	2011年度	合计	2009年度	2010年度	2011年度	合计
应办	4	2116	4862	19614	26592	15	6.57	165.42	186.99
十里	4	35111	39425	79475	154011	646.6	805.35	2527.69	3979.64
广办	4	11581	23411	32445	67437	2261.8	1494.13	2371.98	6127.91
武胜关	5	46000	66980	96500	209480	665.8	645.8	1830.74	3142.34
杨寨镇	2	0	65300	215088	280388	688	0	1199.91	1887.91
李店乡	4	3000	5000	14000	22000	1.5	2.34	3.1	6.94
太平乡	2	550	2853	13456	16858	1.9	1.84	0	3.74
长岭镇	2	602	713	995	2310	6.5	0	0	6.5
陈巷镇	4	5700	6300	10010	22010	1.5	2.77	0.88	5.15
骆店乡	3	0	0	1000	1000	89.6	2	0	91.6
城郊乡	6	1000	8000	16500	25500	208	22.42	148.69	379.11
关庙镇	2	2709	6070	16294	25073	50.34	75.37	30.83	156.54
余店镇	4	830	15111	21791	37732	2.1	0	25.38	27.48
马坪镇	1	20	700	740	1460	3	21.46	35.38	59.84
蔡河镇	3	0	2000	4200	6200	0	0	1.05	1.05
郝店镇	1	0	0	0	0	0	0	0	0
合计	51	109219	246725	542108	898051	4641.64	3080.05	8341.05	16062.74

附表三

2009—2011 年乡镇观摩项目投资和现状表

项目类别	所在乡镇	项目名称	约定投资（万元）	到位投资（万元）	项目现状
（一）工业项目	应办	广同铜业	15000	8000	在运营
	应办	安宏服饰	3500	3000	在运营
	广办	钜匠锻造	20000	12000	在购设备
	广办	雅都纸业二期	12000	12000	缺水停产
	广办	丽明纸业	3000	3000	缺水停产
	广办	广彩印刷	30000	7200	在建厂房
	武胜关	天桥风机	9000	6000	在建
	武胜关	茂鑫胶带	7000	7000	在建
	杨寨镇	华鑫冶金	120000	100000	已投产
	杨寨镇	昌瑞纺织	30000	13000	安装设备
	李店乡	奎叔食品	2040	1020	投产困难
	李店乡	雷诺鞋业	3500	2000	投产困难
	李店乡	华利面业	3600	2000	在建
	太平乡	广中电器	3000	1000	投产
	太平乡	电缆电器	7000	3000	停产
	长岭镇	惠丰科技	2100	1500	在建
	陈巷镇	奥博模具	2000	1400	半停产
	陈巷镇	鸿祥服饰	2000	700	刚生产
	骆店乡	华达能源二期	5000	5000	在建
	骆店乡	益达米业	2000	500	在建
	城郊乡	西门电机	15000	12000	未投产
	城郊乡	鸿盛建材	4000	4000	未投产
	城郊乡	天才冷轧钢	2000	900	未投产
	关庙镇	妙知味食品	3000	2000	投产
	关庙镇	红运米业	4000	2000	投产
	余店镇	鸿盛碳酸钙	2000	1500	投产
	余店镇	和成新材料	3000	1800	投产
	余店镇	三信机械	2000	1600	投产
	余店镇	盛泰矿业	13000	8000	在建
	马坪镇	加华铸造	11000	3200	半投产
	蔡河镇	永兴建材	2000	1000	投产
	蔡河镇	凯林服饰	2500	500	停产

	蔡河镇	金悦公司	4000	1000	投产
	郝店镇	瑞龙生物	3000	600	未投产
	小计	34 个	352240	229420	

项目类别	所在乡镇	项目名称	约定投资	到位投资	项目现状
（二）新农村和集镇建设项目	十里	十里集镇建设	2000	1300	竣工
		城市东扩工程	1700	500	在建
	广办	九皇小区	11000	8000	在建
		芦兴大道	500	3000	在建
	杨寨镇	杨寨镇集镇建设	6000	3000	在建
		滨湖景观带			未启动
	李店乡	李店集镇建设	13400	10000	在建
		应店新农村	500	400	竣工
	太平乡	太平集镇建设	20000	4000	在建
		集镇新区			
	长岭镇	新庵新农村	2000	1500	在建
		新镇区工程	8500	5000	在建
	陈巷镇	吴氏祠新农村	2480	2100	竣工
		陈巷新区	13000	7000	还在施工
	骆店乡	红桥新农村	1150	1000	竣工
		金鑫商贸街	4000	3000	在建
		联兴新农村	2500	500	在建
	关庙镇	四畈新农村	300	400	在建
	余店镇	余店镇建设	500	520	在建
	马坪镇	316 国道镇区改造	800	600	竣工
		镇村统筹示范区	1000	800	在建
	蔡河镇	柏树巷村新农村	260	200	竣工
		红石坡新农村	250	120	在建
		老虎岗新农村	280	220	竣工
		金星大道	1000	750	在建
	郝店镇	集镇居民小区	4000	2800	还在建
		关店新农村	1100	900	竣工
		严家湾新农村	600	450	竣工
		凤凰村新农村	650	500	竣工
	小计	29 个	99470	55560	

项目类别	所在乡镇	项目名称	约定投资	到位投资	项目现状
（三）种养殖项目	十里	金阳鸽业	2000	1800	已建成
	太平	七里冲农业示范区	1500	800	已建成
		鸿翔农业	6000	3000	在建，2013年投产
	骆店	天堡寨油茶基地	120	30	已建成
	余店	长岭岗生态林基地		160	已建成
	郝店	信达农业	1200	700	已建成
	吴店	杨家坳太空蔬菜基地	500	300	已建成
	小计	7个	11320	6790	
（四）其他项目	应办	中小企业创业园	10000	8000	竣工
	十里	正路职校	8000	5000	在建
		中懋大酒店	12000	5000	在建
	广办	新世纪花园	110290		在建
	杨寨镇	铁路货场	4300	4300	竣工
	长岭镇	双龙泉生态园	2000	1300	竣工
	陈巷镇	玉带河“一河两岸”建设	3000	300	在建
	骆店乡	农田水利建设	1000	1100	竣工
	城郊乡	城南公园	800	500	在建
	关庙镇	关庙农业综合开发	1000	300	在建
	马坪镇	特色饮食街	2400	554	在建
		进阵旅游公路	800	800	竣工
		镇中心小学迁建工程	1200	760	在建
		五指岛旅游开发	2000	5000	在建
		黄金畈工业园	5600	1000	在建
	蔡河镇	镇政府新大楼	1200	950	竣工
	郝店镇	白龙平整土地、村庄整治	2500	2300	竣工
	吴店镇	宝立康国际有机茶园	4000	2000	竣工
	小计	15个	55700	32664	
总合计		85个	959120	602624	

附表四

2009—2011年乡镇观摩项目税收统计表

项目名称	所在乡镇	观摩时间（年）	税收（万元）			
			2009年度	2010年度	2011年度	合计
中澳纳米	应办	2009	5	0	5.06	10.06
微特风机	应办	2010	10	6.57	41.38	57.95
广同铜业	应办	2010 2011	0	0	118.7	118.7
安宏服饰	应办	2011	0	0	0.28	0.28
钜匠锻造	广办	2009 2010	0	0	119	119
雅都纸业二期	广办	2009	96.5	176.01	704.43	976.94
丽明纸业	广办	2009	0	0.92	11.25	12.17
广彩印刷	广办	2011	2165.3	1317.2	1537.3	5019.8
凯龙化工	十里	2009	0	283.81	1034.1	1317.91
双河风机	十里	2011	2.6	6.37	5.88	14.85
湖北风机	十里	2011	644	498.16	1416.12	2558.28
天成混凝土	十里	2010	0	17.01	71.59	88.6
天桥风机	武胜关	2009	11.3	13.93	12.13	37.36
茂鑫胶带	武胜关	2009	43	10.78	8.67	62.45
大洋塑胶	武胜关	2010 2011	37.5	62.24	103.22	202.96
双剑风机	武胜关	2010	574	558.85	1704.72	2837.57
国扬陶瓷	武胜关	2010	0	0	2	2
东晨科技	武胜关镇	2011	0		0.13	0.13
华鑫冶金	杨寨镇	2009 2010 2011	688	0	1197.91	1885.91
昌瑞纺织	杨寨镇	2011	0	0	2	2
奎叔食品	李店乡	2010	0	0	0.52	0.52
雷诺鞋业	李店乡	2010	0	0	0	0
华利面业	李店乡	2011	0	0	0	0
溢丰粮贸	李店乡	2009	1.5	2.34	2.58	6.42
广中电器	太平乡	2009	1.9	1.84	0	3.74

项目名称	所在乡镇	观摩时间（年）	税收（万元）			
			2009年度	2010年度	2011年度	合计
电缆电器	太平乡	2009 2010	0	0	0	0
博佳服装	长岭镇	2009	6	0	0	6
惠丰科技	长岭镇	2011	0.5	0	0	0.5
奥博模具	陈巷镇	2009	1.2	0.26	0.21	1.67
奶狗面业	陈巷镇	2009	0.3	2.51	0.67	3.48
双鑫鞋业	陈巷镇	2010	0	0	0	0
鸿祥服饰	陈巷镇	2011	0	0	0	0
华达能源二期	骆店乡	2009	89.6	2	0	91.6
益达米业	骆店乡	2011	0	0	0	0
圣丽特建材	骆店乡	2010	0	0	0	0
新闻印务	城郊乡	2009	200	15.15	119.9	335.05
高祥麦面	城郊乡	2009	0	1.28	0.72	2
楚天酒业	城郊乡	2010	0	0	0	0
西门电机	城郊乡	2010	0	0.9	1.95	2.85
鸿盛建材	城郊乡	2011	8	5.09	26.12	39.21
天才冷轧钢	城郊乡	2011	0	0	0	0
妙知味食品	关庙镇	2009	48.34	75.37	28.74	152.45
红运米业	关庙镇	2010 2011	2	0	2.09	4.09
鸿盛碳酸钙	余店镇	2009	0	0	22.02	22.02
和成新材料	余店镇	2010	0	0	0	0
三信机械	余店镇	2011	2.1	0	3.36	5.46
盛泰矿业	余店镇	2011	0	0	0	0
加华铸造	马坪镇	2009 2010	3	21.46	35.38	59.84
永兴建材	蔡河镇	2009 2010	0	0	1.05	1.05
凯林服饰	蔡河镇	2010	0	0	0	0
金悦公司	蔡河镇	2011	0	0	0	0
瑞龙生物	郝店镇	2010	0	0	0	0
52个	小计		4641.64	3080.05	8341.18	16062.87

政协广水市委员会主席会议关于加快实施应广两城同网供水工程建设项目的建议案

广协文〔2012〕3号

市人民政府：

11月6日，市政协组织部分政协常委、委员对我市“应广两城同网供水工程”建设项目进行了视察。市政协主席会议全体成员参加了该视察活动。

2010年8月以来，我市遭遇历史罕见的特大旱情，连续27个月累计降雨量仅为987.4毫米，为有气象记录以来的同期最低值。应山城区水源地许家冲水库现可用存水不足60万立方米；广水城区水源地高峰寺水库库存200万立方米，霞家河水库库存26万立方米。霞家河水库从5月28日开始抽死水向武胜关（开发区）供水；广水城区供水依靠高峰寺水库应急工程向城区供水，并从9月14日开始采取供一天停一天的措施，以最大限度延长供水时间。目前，旱情仍呈持续发展态势，预计12月份，武胜关（开发区）、杨寨将无水可供。从高峰寺蓄水量看，广水地区供水也只能维持到2013年元月。针对这一危急形势，9月7日，市“四大家”联席会议决定紧急启动“应广两城同网供水工程”建设工程。应广两城同网供水工程是以花山、飞沙河两座水库为供水水源地。预计本期工程总投资7800万元，第一阶段投入5600万元建设输配水管道32公里，十里加压站和山口高位水池。后期投入2200万元配套建设5万吨标准水厂一座，对水质进行处理，以实现水质达标供水。工期力争在2013年1月完成第一阶段主体工程建设，以确保在高峰寺水库无水可供情况下向广水城区补充供水。

视察组先后到霞家河水库、山口高位水池及十里加压站和蔡河引水管道铺设施工现场、许家冲水库进行了视察，听取了水利局局长马春乔有关情况介绍。通过视察，委员们认为，自9月21日应广两城同网供水工程正式启动实施以来，水利部门及施工方克服了重重困难，工程按预期计划，进展较为顺利，但还存在以下问题：

第一，工程时间紧，任务重，按期完工难度大。两城同网供水工程设计施工工期为 18 个月，要在 4 个月时间内完成工程施工任务，在正常情况下也极为困难，加上施工线长，协调难度大，加压站、高位水池施工要确保质量，工序不能省，硬性工期不能缩短，如不采取特殊措施，市委市政府既定的向广水城区供水时限要求将难以保证。

第二，工程建设资金缺口大，后期建设资金若得不到保障，工程建设将无法实施。整个工程设计概算 1.31 亿元，除一、二期应急工程已铺设 13.67 公里管道外，还需完成 32 公里管道和加压站、高位水池建设，不包括水厂投资还需投入 5000 余万元，目前市政府承诺筹措 3000 万元（视察时已拨付 2000 万元），余下资金由供水企业自筹。在一、二期应急工程建设中尚欠施工队和管材供应厂家工程款、材料款 1100 余万元，供水企业自筹资金目前尚无着落。后期资金如得不到保障，工程所需材料不能采购到位，工程建设无法实施。

第三，应广公路施工对沿途管道安装影响大。由于两城同网工程部分管线是沿应广公路铺设，供水管网只能在公路路基建好后才能安装建设，而公路改造路面基础年底才能完成，山口段改造工程明年 4 月才能完工，将严重影响管网铺设。如若不提前谋划替代应急方案，山口段应急供水管网将不能按照确定的时间点完成。

第四，广水地区无替代水源，水库存水逐天减少，供水危机日显突出。随着秋冬季的到来，广水降大雨的可能性极小，水源地水库来水无保障。目前，广水地区两座供水水库，总存水量不足 200 万立方，采取 48 小时供 8 小时的供水方式，也只能维持两个月，东部地区无替代水源，后期极有可能面临无水可供的危机局面。

应广两城同网供水工程既是当前解决广水城区居民饮用水危机的应急工程，也是着眼长远，从根本上解决广水城区乃至东部乡镇生产生活用水的惠民工程，可谓“功在当前，利在千秋”，是真正的德政工程。为此提出如下建议。

第一，要咬死目标不放松，千方百计确保工程如期供水。解决老百姓最基本、最原始的生存保障，这是共产党执政的基础所在，也是该应急工程的出发点和落脚点。此项工作事关执政信誉，事关社会稳定。不管有多大困难，腊月初十向广水城区供水的目标不能有丝毫动摇，必须采取超常规举措，按照时间节点制定工程实施方案，倒排工程安排，晴天抢进度，雨天不歇工，尤其山口段供水管网要提前考虑替代应急方案，确保如期供水。

第二，要多方筹措资金，千方百计保证工程顺利进行。市政府要加大对工程建设资金的筹措力度，承诺的事项要不折不扣地落实。在供水企业自筹资金难度较大的情况下，要提前谋划，多方拓展筹资渠道，动用一切力量，帮助企业解决资金问题，确保这项惠民工程顺利实施。

第三，要全方位加强监管，千方百计保证工程质量和工程安全。在抢时间、抢进度的情况下，工程质量和安全问题容易忽视。要强化监管责任，在确保工程进度的情况下保质量、保安全。牢固树立质量第一的意识，严格把好工程质量关。强化安全责任，保证工程高标准、高质量、无事故施工。

第四，要主动梳理用水矛盾，千方百计确保社会稳定。武胜关镇区近期已面临无水可供的局面，是摆在我们面前一大难题。在水的供需方面，群众的怨气、矛盾已有一段时间的积累，如何主动梳理这些矛盾，并将这些矛盾及时化解，应引起基层各级组织的重视。一要发动群众理解支持工程建设。通过电视、报纸、网络等媒体，加大宣传力度，及时公布工程进度，让广大城乡居民了解工程情况，知晓市委市政府为此付出的艰苦努力，以稳定居民情绪，配合支持工程建设。二要倡导珍惜资源，节约用水，合理科学用水。三要针对武胜关等矛盾最突出的地区，采取从周边水库买水调水、打建应急水井或加大临时送水等办法，以解燃眉之急。四要层层落实维护稳定责任制，把水问题、水纠纷、水矛盾解决在基层，解决在第一时间，解决在萌芽状态，确保社会稳定。

2012 年 11 月 6 日

广水市农业产业化发展情况调查报告

市政协农业活动组

农业产业化是推进传统农业向现代农业转变、实现农业现代化的有效途径；是实现农村发展、农业增效、农民增收的根本出路。我市是农业大市，为全面摸清我市农业产业化发展状况，发挥政协委员的参政议政、建言献策作用，近期，市政协农业活动组组织委员对我市农业产业化发展情况进行了调研，现将调查情况报告如下：

一、我市农业产业化发展现状

近年来，市委、市政府按照发展现代农业的要求，坚持用工业的理念谋划农业，引导农业产业向规模化、集约化、效益化方向发展。有关职能部门着力把培育壮大农业产业化龙头企业，推进农业产业化经营和提高农产品市场竞争力作为主要抓手，通过政策扶持、招商引资、营造环境和强化服务等措施，有力促进了我市农业产业和农村经济社会快速持续发展。到2011年，全市农民人均纯收入7025元，粮食总产量41.61万吨。广水成为全省粮食主产区、全国牲猪调出大县。

1. 农业龙头企业得到进一步壮大。全市现有农产品加工销售收入1000万元以上的企业49家，5000万元以上的28家，亿元以上的9家。全市农业龙头企业固定资产达到6.8亿元，34家企业分别荣获湖北省、随州市、广水市农业产业化重点龙头企业，其中，省级3家，市州级17家，县市级14家。大自然农业、妙知未食品、高翔麦面、奶狗面业等龙头企业，积极实施订单生产，逐步建立起企业与农户利益链接机制，农业企业技术研发、基地建设、品牌整合、质量检测等工作得以稳步推进。其中大自然农业年出口创汇1000万美元，涂氏农贸出口创汇60多万美元。

2. 农业产业基地得到进一步夯实。在农业产业化企业的带动下，区域产业规模进一步壮大。经过几年的努力，我市优质粮、吉阳大蒜、食用菌、牲猪、水产养殖、果茶等六大特色产业基地规模不断扩大，特色板块经济初步形成。全市优质水稻面积已达到 30 万亩，优质小麦面积 20 万亩，果茶面积 10 万亩，花生 8.6 万亩，油菜 10 万亩。吉阳大蒜 5 万亩，主要分布在太平、李店、陈巷、十里、骆店等乡镇办事处。蔬菜基地 4 万亩，主要分布在长岭、余店、十里、武胜关，其中东晨农业种植的功能蔬菜，已达 2000 余亩，标志着我市蔬菜种植从传统型向科技型的转变。食用菌 3500 万棒（袋），主要分布在吴店、郝店、蔡河、武胜关。全市牲猪年出栏 64 万头，水产养殖 3.3 万吨，家禽出栏 2000 多万只，其中王鸽年出 400 多万对。“一村一品，一乡一业”的农业产业化格局正在形成，全市各类农民专业合作社达 386 家，其中示范合作社 12 家。

3. 农业产业质量安全意识得到进一步提高。全市先后建立了大蒜、“三白”蔬菜、茶叶、食用菌、马铃薯、萝卜、胭脂红桃子、牲猪、水产养殖等八大示范基地，建立生产记录档案 1.5 万册。实行标准生产的农作物种植面积 38 万亩，食用菌 2000 万棒袋，牲猪养殖 35 万头，水产养殖 5.7 万亩，标准化覆盖率达到 65%。同时我市的吉阳大蒜、胭脂红桃子被列入全国标准化生产示范县市。连续两年，农业部和农业厅组织对我市蔬菜、水果、食用菌、茶叶、畜禽产品和水产品进行了抽检，合格率达到 100%。全市未发生重大农产品质量安全事件。

4. 农业品牌建设得到进一步加强。近几年，我市涉农企业从过去的小作坊式逐步向公司化发展，品牌意识逐步增强，品牌建设得到各企业的重视，拥有农产品注册商标和“三品”认证的企业逐步增多。一大批农产品取得了“三品一标”的认证。如：胭脂红桃子和吉阳大蒜，分别于 2010 年、2011 年被国家认证为地理标识产品；先后取得认证的还有杨林沟茶场的“杨林沟”牌茶叶为有机茶，星光集团的“花山鱼”为绿色食品，鄂北米业的“武胜关”牌大米为绿色食品，余店的“三白”蔬菜为绿色食品，“吉阳”牌大蒜为绿色食品，大自然公司的小龙虾为无公害农产品，长岭李畈蔬菜专业合作社的“李畈”牌萝卜为无公害农产品。广水市仁健食品“家里客”商标，广水市奶狗面业“奶狗”商标获湖北省著名商标称号。这些产品认证和品牌在市场上的影响力逐步提升，带动了产业的发展，提高了农业的综合效益。

5. 休闲农业得到进一步发展。休闲观光农业是农业发展方式的一种改变，能极大地促进农民的就业增收。广水地处南北交汇地带，地形地貌及饮食文化特色明显，近几年休闲农业发展迅猛。目前，全市休闲农业经营主体达76家，总资产5000余万元，年营业额3800万元，年利润1000余万元，带动农户数260家。其中双龙泉生态园、长岭水泊梁山被省农业厅和旅游局授予“湖北省休闲农业示范园”。

二、我市农业产业化发展中存在的问题

我市农业产业化虽然有了较快发展，但农业产业链条长、见效慢、不可控因素多，在发展过程中也逐步暴露出了一些问题和不足，突出表现在以下4个方面。

1. 传统产业萎缩，新型产业优势不明。近几年，我市部分传统产业正逐步萎缩。如：食用菌产业，前几年在政府大力支持下发展较快，但近两年却大幅滑坡，种植数量由高峰时的5000万棒（袋）左右下滑到2011年的不足3500万棒（袋），且主要集中在吴店、郝店、武胜关等乡镇。曾经在市场上比较畅销的余店“三白”蔬菜、吉阳大蒜，现在种植面积正逐步萎缩。近两年新兴的多功能蔬菜、王鸽养殖、中草药种植等产业，由于规模、品牌、市场等原因，比较效益不高，尚缺乏产业发展优势。

2. 企业与基地脱钩，带动作用不强。我市农业生产基本上仍是农户分散性经营，机械化水平不高，劳动力投入大，且大多又是“4050”人员，科学意识谈薄，技术知识更新慢。近几年发展起来的一些农业产业化企业，由于在家劳动力减少、土地流转不畅、种植业比较效益低等原因，没有建立稳定的原材料供应基地，企业与基地严重脱钩，造成有企业无基地现象，导致有较多企业存在原料不足的困难，严重制约了企业的发展，也没有很好的发挥出带动作用。如：近年发展较快的省级农业龙头企业高祥麦面，由于基地建设滞后，本地小麦远远不能满足企业生产需求，大部分是从外地调进。今年刚投入生产的新吉阳公司，由于菇农种植积极性不高，企业未能建立生产基地，全年仅收购东晨农业公司种植的白灵菇116.26吨，开工生产仅32天，导致企业举步维艰。

3. 品牌意识淡薄，市场竞争力不强。我市农业产业化企业大部分是科技含量低的简单粗加工，主导产业和产品存在有市无优，有量无质，品牌效益差等问题，产品附加值和市场竞争力低。虽然有吉阳大蒜、杨林沟茶叶、“三白”蔬菜、王鸽等一批叫得响的农特产品，但大多数属分散经营，整体规模不大，品牌优势没能显现。全市粮食加工行业成规模的厂家多达10多家，但绝大多数为低端产品，有的甚至没有品牌，靠走量来获得微薄利润，难以进入高端消费市场，市场竞争力不强，几乎没有抵御市场风险能力，没有一个在市场上叫得响的畅销品牌。

4. 融资、用工困难，人才缺乏，发展后劲不足。市场融资是企业发展壮大的根本要素。我市农业龙头企业都是民营实体经济，抵御风险能力较弱。粮油加工、种养殖产业等农业产业化企业在基础设施建设、收储加工等环节需要大量的前期资金投入，可金融机构对这些企业的放贷额度小、门槛高、手续繁杂，融资难成为制约企业发展的重要瓶颈。我市大多数农业产业化企业是滚雪球式发展，实行家庭式管理模式，在企业管理、技术创新和市场研发开拓上缺乏人才支撑。由于生活环境、工作待遇等原因，有的引进了技术人才也难以留住，企业难以发展壮大。此外，农业产业化企业大都属于劳动密集型行业，用工量大，季节性强，而本市大量农村剩余劳动力外出，在家劳动力不仅年龄偏大且远远不能满足用工要求，用工困难也是困扰企业发展的又一难题。如大自然农业公司在旺季需用工300余人，不得不到外省招工，不仅增加了企业成本，也不利于成熟产业工人的培养。

三、加快发展我市农业产业化工作的建议

1. 加强政策扶持引导力度。针对我市龙头企业少、小、弱的状况，研究制定关于扶持龙头企业发展的优惠政策和措施，真正做到扶持一个，发展一个，壮大一个。一是积极开展科企、银企对接活动，政府要在资金、税收、人才、信息、技术等方面加大政策扶持力度，尤其要解决好企业融资难、滚动发展的问题。二是政府要出台土地流转鼓励政策，让土地规模化经营，标准化生产，帮助企业建设原料生产基地，提高产品市场竞争力。三是搞好部门与企业的协调、服务，全力解决企业的后顾之忧。四是加大对农户的服务引导，增强农户抵御市场风险的能力，充分调动农民种养殖

积极性，为企业提供土地、劳动力等保障。

2. 加大龙头企业培植力度。建立农产品产、供、加、销一体化体系，推进农业产业化快速发展。按照“依托板块引项目，围绕龙头建基地”的思路，要在“龙头＋基地＋农户”的产业链条衔接上下功夫，帮助企业逐步走出有龙头无基地、有基地无龙头的困境。结合我市特色农业板块，做好企业与基地的对接，增强龙头企业对生产基地和农户的辐射带动能力，给予重点农业龙头企业融资和政策项目的支持。重点扶持大自然农业、高祥面业、妙知未食品、深广物流、永泰牧业等企业，力争在3年内实现国家级农业龙头企业零的突破。

3. 加强资源整合培优创特。政府要出台政策，着眼企业的长远发展，鼓励企业实行强强联合，走集团化发展的道路，让企业做大做强。加大我市茶叶、粮油、王鸽等品牌、资源的整合，向集约化、规模化、标准化发展；加快农产品检测监督体系建设，通过技术改造升级，充分发挥科技对农产品加工的支撑作用，促进农产品的加工质量和科技含量进一步提高。对广水传统的吉阳大蒜、平林萝卜、“三白”蔬菜、胭脂红桃子等特色产品，要加大招商引资力度，对这些特色产品进行深加工，进一步拉长拉粗产业链，提高产品附加值。

4. 加强农业产业布局规划。强化产业引导规划，进行区域化布局。各地要在各自传统种养殖的基础上，积极调整农业产业结构，因地制宜，确定本地的主导产业，形成完整的产业发展链条，促进农产品的转化升值，增加农业效益，提高农民收益。形成北有食用菌、牲猪，南有粮油、吉阳大蒜加工，东有茶叶、中草药、功能蔬菜，西有蔬菜、养殖、休闲农业等农业板块发展格局。

2012年11月12日

搭上鸡公山旅游快车
形成武胜关文化旅游圈

市政协文教卫体活动组

一、鸡公山旅游开发进展迅速

鸡公山素有“青分楚豫，气压嵩衡”之美誉，与北戴河、庐山、莫干山合称中国四大避暑胜地，1978 年被国务院批准为首批对外开放的八大旅游区之一，1982 年列入全国第一批 44 个国家级重点风景名胜区。

多年来，鸡公山风景区的旅游业一直在低位徘徊，每年游客数量仅在十几万人次左右。2009 年 9 月，河南省委、省政府为了将鸡公山打造成叫响全国、走向世界的旅游品牌，组建了鸡公山文化旅游综合开发试验区，成立了高规格的领导小组负责试验区的工作，领导小组由省委常委、常务副省长李克任组长，省委常委、宣传部长、副省长孔玉芳，副省长张大维，省委秘书长曹维新任副组长。之后，信阳市委、市政府组建了具有独立法人资格的国有资产经营主体——河南鸡公山文化旅游集团公司，为投资主体的入驻开发搭建了政府合作平台，通过该平台先后与港中旅、上文广等投资主体分别组建了合资公司，启动了“百亿项目”建设。即：包括港中旅项目（鸡公山顶的核心景区开发）、万国文化影视基地项目、动漫产业园项目、龙泉社区十三坊项目、温泉度假区等项目，这些项目的投资总额超过了 100 亿元。同时，鸡公山文化旅游集团公司与鄂豫皖三省六市旅游部门签署了《鄂豫皖三省六市 36 县大别山红色旅游区域联合宣言》，加入了大别山旅游联合体和中原城市旅游联盟。

为吸引更多的国际国内游客，河南省将鸡公山、南湾湖、灵山三地的旅游资源整合成一个旅游带，全力打通交通瓶颈。目前，该省正在三个景区之间修建 19 米宽的高速公路，将信阳明港军用机场改为民用机场，在鸡公山下筹建直升飞机场和支线飞机场。

去年，该景区接待游客 50 多万人次，仅门票收入就达 3000 多万元，接待人数和综合收入均比上年增长 2 倍以上。

而此时的“百亿项目”建设才刚刚起步，一百亿的投资仅完成了一小部分；很显然，随着港中旅、上文广等重量级上市企业对鸡公山风景区后续的深度开发，该景区未来的发展形势一片大好。

二、武胜关旅游开发具有巨大潜力

武胜关号称“中南第一关”，是中原的南大门，历史上被称作“中国的南长城”，是楚文化与中原文化的交汇地，是桐柏山和大别山的交汇处，是长江和淮河的分水岭，是中国的南北地理分界线，是中国九大名关之一，享誉中外，是独一无二的文化品牌，是不可多得的无形资产。

目前的武胜关，仅有湖北境内残存的少量城墙，有名而无“关”。距武胜关遗址不远处，就是著名的鸡公山风景区。

在这个鄂豫两省交界处，双方民间往来频繁，通婚通商现象十分常见，直接相邻的两个乡镇级行政区分别是湖北省随州市广水市武胜关镇和河南省信阳市鸡公山管理区李家寨镇。

武胜关镇碾子湾村曾被评为湖北首届旅游名村，该村有一个由 18 处瀑布组成的黑龙潭瀑布群。黑龙潭风景区就在鸡公山东南侧，与鸡公山顶之间建有高山索道，游客可乘坐缆车上下往来。

此外，广水市三潭风景区距信阳市不到 15 分钟车程，广水市中华山风景区、大悟县红色革命旅游线路均距离河南信阳不远。目前，广水市三潭风景区引入了河南一家企业进行整体开发，定位的主要游客群体就是河南信阳游客；中华山风景区和大悟县红色旅游线路也均在进行相应旅游开发。

但是，与河南邻居的“百亿旅游项目”相比，与河南邻居如此高规格的文化旅游试验区领导小组相比，与河南邻居为景区配套的高速公路、飞机场等高标准基础设施相比，我市无疑还有很大的差距。我们能否搭上河南邻居正在加速的“旅游快车”，借势借力，实现共赢发展呢？

三、建议

1. 成立武胜关文化旅游试验区。重建武胜关城楼，将武胜关附近的黑龙潭瀑布群、三潭风景区、中华山风景区、大悟红色旅游点等旅游资源纳入试验区范围，与河南鸡公山文化旅游综合试验区全面对接，共同发展。

2. 加强双方高层沟通往来，签订合作框架。着力从政策、制度上推动区域合作，促进文化旅游产业共同发展。通过深度合作，拉近广水大悟旅游景点与河南鸡公山、南湾湖、灵山景点的联系，抱团发展，实现双赢。双方基层政府应建立日常沟通机制，建立联席会议制度，形成日常沟通机制，主动对接。可通过协商引介，促使港中旅集团将鸡公山附近的黑龙潭纳入鸡公山景区规划框架，统一开发，引进促进共同发展繁荣，共同打好武胜关牌、鸡公山牌。

3. 进一步加大“以邻招商”力度。鸡公山风景区目前已招引了港中旅、上文广等重量级企业，其中港中旅负责鸡公山核心景区的开发，而黑龙潭景区就在鸡公山山脚下，可通过河南方面的推荐介绍，招引港中旅入驻黑龙潭，统一规划开发鸡公山和黑龙潭。与河南方面协商重建武胜关旅游项目，商定利益分配方式，迅速启动武胜关重建项目，可依托河南方已有的人脉，在港中旅、上文广等大牌企业中选择合作伙伴进行开发。

2012年12月4日

大事记

1月6日，市政协召开全体机关干部会。会议明确了2012年工作思路，市政协主席李健强提出了“转变工作作风，开创政协工作新局面”的新要求。

2月8日，市政协召开七届二次主席会议。会议讨论了七届一次常委会会议方案、市政协常委会2012年工作要点、市政协关于政协委员的管理规定（草案）、市政协“四百工程”实施意见；通报了市政协七届一次全会委员理论学习测试情况。

2月16日，市政协召开七届一次常委会议。会议审议通过了政协常委会2012年工作要点和“四百工程”实施意见。

2月20日，市政协机关布置“喜迎十八大，争创新业绩”等创先争优活动。

3月19日，市政协开展各项规章制度的清理、完善、补充、修订工作。

3月20日，市政协副主席梅思卫参加市政府2012年度“三案”交办会并讲话。

3月27日，随州市政协副主席王洪霞一行到广水办事处开展少数民族生产、生活现状调研，市政协主席李健强、市政府副市长谢冠林陪同调研。

3月29日，市政协分四个小组对各乡镇政协联络处的工作恢复与开展情况进行了检查与督办。

4月17日，市政协召开七届三次主席会议。会议讨论了二季度重点工作安排，研究了机关干部下基层实践活动方案，讨论了提案督办任务的分解与安排，风机产业的调研方案、乡镇观摩项目调研方案，研究了市直活动组长会议方案、乡镇政协联络处会议方案、讨论了机关各项管理制度（草案），通报了一季度财务运行情况。

4月18日，随州市政协主席肖伏清一行来广水市杨寨镇调研农业产业化发展情况。

4月24日至29日，市政协开展为期一周的机关干部进村入户“三个一”调研实践活动。

5月9日，市政协召开乡镇政协联络处工作会议。

5月11日，市政协召开市直委员活动组工作会议。

5月13日，市政协原副主席张兆元逝世，遗体告别仪式于15日下午3点在市殡仪馆举行，市委书记吴超明、市长黄继军、市人大主任周新华等领导出席，市七届政协全体主席会成员和机关干部参加。市政协主席李健强主持告别仪式，市委副书记左和平致悼词。

5 月 18 日，市政协机关支部民主生活会，13 名党员参加了会议。会议选举秘书长汪维浩为党支部书记，副秘书长张克林为党支部副书记，科教文卫委主任张孝贵为纪检委员，委员委副主任张克勇为组织委员，提案委副主任李娅为宣传委员。

5 月 21 日，市政协主席李健强、副主席傅本华、何卫、梅思卫，秘书长汪维浩及机关干部视察了招投标工作。

5 月 23 日，市政协副主席傅本华带领市直有关部门负责人到吴店指导抗旱，有关部门支援抗旱资金 13 万元。同日，市政协副主席梅思卫到长岭高泵站指导抗旱工作。

5 月 25 日，市政协主席李健强、秘书长汪维浩带领市一中、住建局领导到十里办事处三合村、十里社区查看旱情，部门负责人捐助抗旱资金 2 万元。同日，市政协副主席胡亚明到李店乡万兴、河西村指导抗旱工作，有关部门捐助资金 18 万元。下午，市政协秘书长汪维浩到驻点村陈巷镇棚兴、兴河村查看旱情，并送抗旱资金 1 万元。

5 月 27 日，市政协主席李健强、副主席何卫带领省风机厂、双剑风机两企业负责人熊俊杰、杨建明一行到江苏省南通市崇川区进行风机产业发展调研。

5 月 28 日，市政协副主席傅本华到北戴河参加全国政协举办的政协理论学习培训。

5 月 29 日，市政协主席李健强、副主席何卫带队到安徽省宁国市政协开展联谊活动。

6 月 11 日，市政协机关支部召开民主生活会。

6 月 12 日，市政协主席李健强带队，组织 15 名政协委员对合作医疗、城乡居民养老保险、中华山林场进行视察。

6 月 19 日，市政协机关再次向驻点的陈巷镇棚兴村、兴河村捐助抗旱资金 1 万元。

6 月 26 日，市政协召开七届四次主席会。会议讨论了七届二次常委会有关事宜，研究了市政协常委、乡镇政协联络处、委员活动组、市政协“一办六委”、市政协委员量化考核办法。

7 月 2 日，市政协成立湖北省广宁乡亲联谊推进委员会。

7 月 3 日，市政协召开七届二次常委会议。会议听取了市政府关于上半年经济运行情况的通报和市治庸办关于治庸问责、转变干部作风情况的通报；审议通过《市政协关于风机产业调查报告》。

7 月 4 日，市政协主席李健强、副主席傅本华、何卫、胡亚明、梅思卫及部分常委赴中华山调研国有林场改革情况。

7 月 5 日，市政协主席李健强、副主席胡亚明带领政协专委会干部到城郊乡视察工业项目建设。同日，副主席梅思卫带领提案委员参加住建局召开的提案办理见面会。

7 月 8 日，市政协开通了政协网站。

7 月 11 日，市政协副主席傅本华带领委员到文体局、教育局督办重点提案。

7 月 12 日，市政协召开 “三年来乡镇观摩项目发展实效情况”调研动员会，启动调研活动。

7 月 13 日，市政协主席李健强、副主席傅本华、何卫、胡亚明、梅思卫，秘书长汪维浩等带领部分政协委员对市保障性住房建设进行了视察。

7 月 16 日，市政协主席李健强、秘书长汪维浩、统战部常务副部长严茂松带领党群组委员视察应办工业企业发展情况。

7 月 28 日，省政协副秘书长熊维明一行 6 人到广水调研“人民政协参政议政实践与创新工作”。随州市政协副主席江崇嵩、秘书长谌述文等参加了这次专题调研活动。

7 月 30 日，广水市政协被省政协授予“湖北省先进政协组织”，政协委员庄人鸿被省政协授予“优秀政协委员”光荣称号。

8 月 9 日，市政协提案委副主任李娅代表政协办公室参加全市党群系统“责任在心中、奉献在岗位”演讲活动，并荣获二等奖。

8 月 12 日至 13 日，省政协副主席涂勇一行来广水开展“加强基层文化建设重点提案督办调研活动”。涂勇副主席一行视察了郝店镇文化站、郝店镇双岗村农家书屋、市图书馆、市“一河两岸”工程指挥部，并在雅瑞山庄召开了座谈会。

8 月 23 日，市政协主席李健强，副主席胡亚明，秘书长汪维浩到“旱包子”余店镇视察“一抗三保”情况。

8 月 24 日，市政协专题召开专委会工作会议。会后，政协全体干部职工进行了抗旱捐款活动，现场募得捐款 6000 余元。

8 月 27 日，市政协召开七届五次主席会议。会议听取了“乡镇观摩项目发展实效情况调研报告”和“四百工程”进展情况通报。

8 月 28 日，市政协副主席傅本华带领部分委员赴西藏考察学习。

8 月 29 日，随州市政协副主席江崇嵩到我市驻点村——太平乡七里冲村调研经济社会发展情况。

9 月 4 日，随州市政协副主席裴在刚到广水市陈巷镇视察旱情。

9 月 11 日至 14 日，市政协分片督办乡镇政协联络处“四百工程”落实情况。

9 月 13 日，市政协主席李健强带队视察太平、李店民生保障工程暨李店“农家女”老年福利院。

9 月 18 日，市政协到住建局督办提案落实情况。政协委员先后视察了住建局所承办的 3 件提案办理现场，随后听取了住建局负责人的汇报。

9 月 19 日，市政协副主席何卫代表广水政协参加在天门市举办的武汉城市圈“新型城镇化、农业现代化协调发展论坛”。

9 月 24 日，市政协召开七届六次主席会议。会议讨论了七届三次常委会筹备方案，国庆节前后重点工作及市政协十月份工作要点。

9 月 28 日，市政协主席李健强、副主席傅本华、胡亚明等到广水二医院慰问“健康快车”广水行。

10 月 9 日，省政协县域经济金融服务问题调查组来我市调研。省政协常委、经济委员会副主任张静，经济委员会副主任支德勤，省政协办公厅巡视员胡宗华一行 9 人来我市调研县域经济金融服务工作。

10 月 15 日，市政协召开七届三次常委会。会议听取了朱明武副市长所作的招商情况通报和左扬副市长所作的“一抗三保”情况通报；听取了汪维浩秘书长对前三季度“四百工程”实施情况的通报，审议通过了三年来乡镇观摩项目实效情况的调查报告。李健强主席就政协常委如何履行职责、发挥领导作用提出了新要求。

10 月 16 日，市政协副主席傅本华代表广水政协到安徽省霍山县参加大别山区政协主席联席会。

10 月 19 日，市政协主席李健强应湖北省政协邀请，参加了省政协举办的“人民政协理论研究会”。

10 月 25 日，市政协主席李健强、副主席何卫、梅思卫、秘书长汪维浩带领部分常委、委员视察交通局提案办理情况。

10 月 26 日，市政协召开七届七次主席会议。会议讨论了政协领导班子内部制度建设、加强常委会建设若干意见和专委会的工作意见等。

10 月 29 日，原政协委员张正大向市政协无偿捐赠图书 3540 册。

11 月 6 日，市政协主席李健强带领全体主席会成员和部分政协委员视察应广两城同网应急供水工程。会后，主席会议向市政府提交了“关于加快实施应广两城同网供水工程建设项目”的建议。

11 月 7 日，市政协主席李健强到吴店镇二妹山视察风电项目。

11 月 8 日，市政协组织机关干部收看中国共产党第十八次代表大会开幕式。

11 月 15 日，市政协参加了广水首届涉及民生问题的电视听证会。

11 月 19 日，市政协召开党组扩大会议，学习贯彻党的十八大会议精神。

11 月 20 日，市政协启动对政协常委、联络处、活动组、“一办六委“、政协委员的年度量化考评工作。

12 月 1 日，市政协主席李健强和市委书记吴超明、市长黄继军一起到武昌出席 “大别山区鄂豫皖三省政协主席联席会第一次会议”。

12 月 4 日，市政协召开七届八次主席会议。会议通报了量化考核汇总情况，讨论了评先表模、新闻奖惩兑现有关事项。

12 月 19 日，市政协召开七届九次主席会议。会议讨论了年度量化考核情况通报，研究了政协系统评先表模情况，讨论了常委会工作报告（草案）和提案工作报告（草案），确定了七届二次全会秘书长、副秘书长名单（草案），会议日程议程（草案）。

12 月 21 日，市政协召开七届四次常委会。会议听取了市委常委、常务副市长何庆海代表市政府所作的提案办理情况通报。审议通过了全市政协组织、政协委员量化考核情况和先进政协组织及先进个人表彰决定（草案）情况。讨论了七届政协常委会一次会议以来工作报告（草案）和提案工作报告（草案）。

12 月 26 日，市政协上报市委常委会，决定于 2013 年 1 月 15 日召开政协七届二次全会。

12 月 28 日，市政协主席李健强驻点企业——广水烟厂厂房改扩建项目竣工。

图书在版编目（CIP）数据

广水政协年鉴.2012 / 政协湖北省广水市委员会办公室编. -- 北京 : 中国水利水电出版社，2014.9
ISBN 978-7-5170-2469-9

Ⅰ. ①广… Ⅱ. ①政… Ⅲ. ①中国人民政治协商会议—地方委员会—广水市—2012—年鉴 Ⅳ. ①D628.633

中国版本图书馆CIP数据核字(2014)第210729号

责任编辑：李正斌

书　名	广水政协年鉴2012
作　者	政协湖北省广水市委员会办公室 编
出版发行	中国水利水电出版社 （北京市海淀区玉渊潭南路1号D座　100038） 网址：www.waterpub.com.cn E-mail：sales@waterpub.com.cn 电话：(010) 68367658（发行部）
经　售	北京科水图书销售中心（零售） 电话：(010) 88383994、63202643、68545874 全国各地新华书店和相关出版物销售网点
排　版	北京双子山峰文化传媒有限公司
印　刷	北京纪元彩艺印刷有限公司
规　格	185mm×260mm　16开本　14.25印张　260千字　8插页
版　次	2014年9月第1版　2014年9月第1次印刷
定　价	200.00元